LA LEY DEL NUEVO PENSAMIENTO

Un Estudio de los Principios
Fundamentales y su Aplicación

William Walker Atkinson

Traducción de

Marcela Allen Herrera

WISDOM COLLECTION
PUBLISHING HOUSE

La Ley del Nuevo Pensamiento

Publicado en Estados Unidos

Wisdom Collection LLC.

www.wisdomcollection.com

ISBN: 978-1-63934-017-0

La versión original de este libro fue publicada en el año 1902 por William Walker Atkinson, autor de numerosas obras sobre el Poder Mental, Yoga, Nuevo Pensamiento y Temas Teosóficos.

Para otros títulos y obras del Nuevo Pensamiento, visita nuestro sitio web

www.wisdomcollection.com

CONTENIDOS

EPÍGRAFE

"¡Oh, que no se apague la llama!
Apreciada edad tras edad en sus oscuras cavernas,
atesorada en sus santos templos.
Alimentada por puros ministros del amor,
que no se apague la llama"

CAPÍTULO 1

¿QUÉ ES EL NUEVO PENSAMIENTO?

Con qué frecuencia escuchamos esta pregunta: "¿Qué es el 'Nuevo Pensamiento'?" Y qué difícil es responder a esa pregunta. El tema es tan amplio, y el hombre o la mujer del Nuevo Pensamiento se ha desarrollado en sus verdades tan gradualmente, que le resulta casi imposible explicar en pocas palabras lo que se entiende por el término "Nuevo Pensamiento". Esto se vuelve particularmente difícil por el hecho de que no hay credos en el "Nuevo Pensamiento". Hay muchos cultos y escuelas que reclaman estar en alianza con el Nuevo Pensamiento, las cuales difieren materialmente entre sí en cuanto a doctrinas y detalles, pero hay ciertos principios subyacentes a los que todos se adhieren, aunque expresando estos principios de diferentes maneras y utilizando términos aparentemente contradictorios.

1

Responder a la pregunta que constituye el título de este capítulo no es tarea fácil, pero veamos qué podemos hacer con ella.

En primer lugar, el Nuevo Pensamiento es el pensamiento más antiguo que existe. Ha sido atesorado por unos pocos elegidos en todas las épocas, ya que las masas populares no estaban preparadas para sus enseñanzas. Ha sido llamado por todos los nombres, ha aparecido en todas las formas. Cada religión tiene dentro de sí ciertas enseñanzas esotéricas, no captadas por la mayoría sino comprendidas por unos pocos, cuyas enseñanzas ocultas contienen mucho de lo que ahora se está enseñando como el Nuevo Pensamiento. El Nuevo Pensamiento contiene ciertos indicios de poderosas verdades que se han asentado en el seno de las enseñanzas esotéricas de todas las religiones, en las filosofías del pasado y del presente, en los templos de Oriente, en las escuelas de la antigua Grecia. Se encuentra en las canciones de los poetas, en los escritos de los místicos. La ciencia avanzada de esta época lo toca sin reconocerlo completamente.

No es algo que pueda transmitirse bien con palabras, no es comprendido fácilmente mediante procesos puramente intelectuales, debe ser sentido y vivido por aquellos que están listos para ello, aquellos para quienes ha llegado el momento. Ha sido conocido por unos pocos en todas las edades y todos los tiempos. Todas las razas lo han sabido. Se ha transmitido de maestro a alumno desde los primeros días. Contiene la Verdad a la que se refiere Edward Carpenter, cuando canta:

"¡Oh, que no se apague la llama!
Apreciada edad tras edad en sus oscuras cavernas,
atesorada en sus santos templos.
Alimentada por puros ministros del amor,
que no se apague la llama".

La llama se ha cuidado delicadamente a lo largo de los siglos. En el santuario han sido encendidas muchas lámparas y se han llevado consigo un poquito del fuego sagrado. Los pocos en todas las épocas han mantenido encendida la llama, agregando el aceite del espíritu que proviene de lo más recóndito del alma. Para proteger esta llama, muchos han sufrido muerte, persecución, golpes, injuria, deshonra. Algunos se han visto obligados a asumir un aire de misterio y charlatanería para distraer la atención de las masas y así mantener abrigado este pedacito de llama sagrada. Los escritores antiguos han colocado cuidadosamente fragmentos de esta verdad esotérica entre los escritos de amplia circulación, sabiendo que solo aquellos con la clave podían leer, y la multitud ni siquiera sospecharía la existencia del grano de trigo entre la paja. El individuo avanzado del Nuevo Pensamiento de hoy puede tomar los escritos de todas las edades y verá en ellos profundas verdades expuestas en un lenguaje perfectamente claro para él, pero que no significa nada más que palabras para el lector común. Los libros sagrados de todas las religiones pueden ser leídos por quien tiene la clave, y los filósofos griegos, desde Platón hacia abajo, adquieren otro significado cuando se comprenden los principios que subyacen a las enseñanzas esotéricas. Y también se puede leer a los escritores modernos con una nueva percepción, cuando uno se ha familiarizado con los principios subyacentes. Shakespeare, Bacon, Pope, Browning, Emerson, Whitman y Carpenter tienen muchos rincones oscuros y dichos duros que se iluminan y aclaran cuando uno ha obtenido la posesión del pensamiento central: la Unidad de Todo.

Desde muy atrás, a través de las edades, nos ha llegado esta Verdad, pero parece reservada para que se difunda entre la gente en esta era. Sin embargo, para muchos el mensaje no es atractivo. Algunos captan algunas verdades dispersas y piensan que la tienen, pero no ven el principio subyacente real de la Unidad. Otros la rechazan por completo, no estando preparados para ello. Otros que están preparados, parecen captarlo instintivamente como si siempre lo hubieran sabido - reconocen lo suyo, ha llegado a ellos.

El simple llamado de atención de algunos hacia la verdad, parece despertar en ellos el primer destello de reconocimiento; otros encuentran necesario reflexionar sobre la idea y despertar al reconocimiento de la Verdad más lentamente. Para otros, aún no ha llegado el momento de reconocer la gran Verdad, pero la semilla está plantada y la planta y la flor aparecerán con el tiempo. Aquello que ahora les parece una verdadera tontería, les será traído a casa como la verdad cuando llegue el momento. Se ha creado un deseo que provocará un malestar mental hasta que se reciba más luz. Como dijo el viejo Walt Whitman: "Mis palabras zumbarán en tus oídos hasta que las entiendas". Y como dice el gran trascendentalista estadounidense Emerson: "No puedes escapar de tu bien". Estas personas que aún no comprenden llevarán consigo el pensamiento, el cual, como el loto se desplegará de forma natural y gradual. La Verdad una vez reconocida no se puede perder. En la Naturaleza nada permanece inmóvil.

Es difícil transmitir una pista de esta Verdad a alguien que no esté preparado para recibirla. Para otros, a menudo, les resulta una absoluta locura. Emerson bien ha dicho:

> Las palabras de cada hombre, que habla desde esa vida, deben sonar vanas para aquellos que, por su parte, no habitan en los mismos pensamientos. No me atrevo a hablar por ello. Mis palabras no tienen su augusto sentido; se quedan cortas y frías. Solo ellas mismas pueden inspirar a quien quieran... Aun así, yo deseo con palabras profanas, ya que sagradas no puedo usar, indicar el cielo de esta deidad e informar las pistas que he recogido de la trascendente simplicidad y energía de la Ley Suprema.

¿Qué es el Nuevo Pensamiento? Veamos. En primer lugar, es un nombre por el cual es conocida esa gran ola de pensamiento espiritual y psíquico que está pasando por el mundo, barriendo anticuados dogmas, credos, materialismo, fanatismo, superstición, incredulidad, intolerancia, persecución, egoísmo, miedo, odio, tiranía intelectual y despotismo, prejuicio, escasez, enfermedad y quizás incluso la muerte. Es la ola que nos trae libertad, liberación, autoayuda, amor fraternal, valentía, coraje, confianza, tolerancia, avance, desarrollo de poderes latentes, éxito, salud y vida.

Representa todo lo que contribuye al mejoramiento de la persona: libertad, independencia, éxito, salud, felicidad. Lleva el estandarte de la tolerancia, la amplitud, la fraternidad, el amor, la caridad y la autoayuda. Le enseña al individuo a pararse sobre sus propios pies, a trabajar en su propia salvación, a desarrollar los poderes latentes dentro de él, a afirmar su verdadera dignidad, a ser fuerte, misericordioso y bondadoso. Predica la doctrina del "Yo Puedo y lo Haré", el evangelio del "Yo Hago". Exhorta al individuo a dejar de quejarse y lamentarse, y lo insta a mantenerse erguido y afirmar su derecho a vivir y ser feliz. Le enseña a ser valiente, ya que no hay nada que temer. Le enseña a abolir el pensamiento del miedo, la preocupación y la horrible camada de pensamientos negativos, como el odio, los celos, la malicia, la envidia y la falta de caridad, que lo han mantenido en el fango de la desesperación y el fracaso. Le enseña estas cosas y mucho más. El Nuevo Pensamiento representa la doctrina de la paternidad de Dios, la unidad de todos, la hermandad de las personas, el reinado del Ser.

El Nuevo Pensamiento no tiene credos ni dogmas. Está compuesto por individualistas, cada uno de los cuales se reserva el derecho de mirar las cosas con sus propios ojos, de ver la Verdad tal como se le presenta a él, de interpretar esa Verdad a la luz de su propia razón, intuición y discernimiento espiritual, y dejar que se manifieste y se exprese a través de él a su propia manera. A un individuo así no le importan las instituciones, encuentra dentro de sí mismo aquello que busca. Él hace su propio pensamiento y no reconoce a ningún hombre o mujer como un intérprete autorizado de aquello que solo puede ser interpretado por la propia alma. Las personas del Nuevo Pensamiento difieren materialmente entre sí en puntos menores, palabras y formas de expresión, pero en el fondo todos se entienden entre sí, y un análisis minucioso muestra que todos están parados firmemente sobre la sólida roca de la Verdad Fundamental. Todos tienen un poco de la Verdad, pero ninguno de ellos tiene toda la Verdad. Cada uno trabaja para el Centro a su manera, a lo largo de su propio camino. Sin embargo, visto desde arriba, cada uno camina por el Gran Sendero hacia la misma Meta.

Trataré de darte una rápida mirada a lo que yo concibo que son los principios fundamentales que subyacen a lo que se llama el Nuevo Pensamiento, sin considerar los aspectos secundarios influenciados por muchos de nosotros. Por necesidad, mi explicación debe ser tosca e imperfecta, pero haré lo mejor que pueda para hacer al menos una declaración parcialmente clara del principio fundamental del Nuevo Pensamiento.

En primer lugar, el Nuevo Pensamiento enseña que hay un Poder Supremo detrás, subyacente y en todas las cosas. Este Poder Supremo es Infinito, Ilimitado, Eterno e Inmutable. Es, siempre ha sido y siempre será. Es omnipresente (presente en todas partes); Omnipotente (todopoderoso, que posee todo el poder que hay); y

Omnisciente (todo lo sabe, todo lo ve, sabiendo todo, viendo todo). Este Poder Supremo, Presencia Universal, Todo Mente, puede llamarse Mente, Espíritu, Ley, Absoluto, Primera Causa, Naturaleza, Principio Universal, Vida, o el nombre que mejor se adapte al gusto de la persona que usa el término, pero llamándolo como quiera, querrá decir este Poder Supremo - el Centro. Personalmente, prefiero la palabra Dios, y por eso la he usado en este libro, pero cuando digo Dios me refiero a esta gran Presencia Universal y no a la concepción de un Dios limitado sostenida por alguna persona. No me satisface ninguna concepción de Dios que lo limite en lo más mínimo. Para mí, Dios debe ser ilimitado y todo el Universo debe ser una emanación de él. Yo no puedo aceptar ninguna idea parcial de Dios; para mí, Dios debe ser el Todo. Y creo que una investigación cuidadosa revelará el hecho de que este es un principio fundamental que subyace al Nuevo Pensamiento, recordando siempre que las palabras no cuentan para nada y las ideas para todo, y que el hombre o la mujer que afirma haber crecido de la idea de "Dios", y habla de Naturaleza, la Vida, la Ley, o lo que sea, significa su concepción de aquello que mi conciencia interior me dice que es, y que quiero decir cuando digo "Dios".

El Nuevo Pensamiento sostiene que el Individuo se está desarrollando en conciencia y que muchos han alcanzado ahora esa etapa de conciencia espiritual en la que se hacen conscientes de la existencia e inmanencia de Dios y, por lo tanto, conocen en lugar de albergar una creencia basada en la autoridad, real o asumida, de otras personas. Esta conciencia de Dios, a la cual la raza está tendiendo rápidamente, es el resultado del despliegue, el desarrollo y la evolución del ser humano durante siglos, y cuando la raza la posea plenamente, revolucionará por completo nuestras concepciones actuales de la vida, nuestra ética, costumbres, condiciones y economía.

El Nuevo Pensamiento enseña que Dios no es un ser lejos de nosotros, lleno de ira y castigo, sino que está justo aquí con nosotros, a nuestro alrededor, sí, incluso en nosotros; entendiéndonos desde el principio, reconociendo nuestras limitaciones, lleno de amor y viendo con paciencia el crecimiento y desarrollo gradual que nos lleva a una comprensión más clara de él. El Nuevo Pensamiento no conoce la ira de Dios; tal concepción es arrojada a la sombra por la deslumbrante y abrumadora visión del amor de Dios. En cuanto a la razón de los planes y leyes de Dios, el Nuevo Pensamiento no pretende tener ese conocimiento, sosteniendo que esto no puede ser conocido por el individuo en su actual etapa de desarrollo, aunque por la razón y la intuición está comenzando a comprender que todo es Bueno y ver evidencias de un plan amoroso, bueno, perfecto, justo y sabio, en todas las experiencias de la vida. Y teniendo esa Fe Inteligente que proviene de la conciencia de Dios, descansa contento, diciendo "Dios es, y todo está bien".

El Nuevo Pensamiento enseña que Todo es Uno, que todo el Universo, arriba y abajo, desarrollado y no desarrollado, manifiesto y no manifiesto, es Uno - todo es una emanación de Dios. Esto trae consigo el corolario de que todo en el universo está en contacto con todo lo demás, y todo está en conexión con el Centro: Dios. Junto con la ciencia moderna sostiene que cada átomo es parte de un poderoso todo y que nada puede sucederle a ningún átomo sin un efecto correspondiente en todas las demás partes del todo. Sostiene que el sentido de separación es una ilusión de la conciencia no desarrollada, pero una ilusión necesaria en ciertas etapas para el funcionamiento del plan, o como ha dicho un escritor reciente, "el sentido de separación es una ficción funcional del Universo". Cuando el individuo ha progresado tanto en el crecimiento y desarrollo espiritual que ciertas facultades hasta ahora dormidas despiertan a la conciencia, o más bien, cuando la conciencia del individuo se ha desarrollado tanto que toma conocimiento de ciertas facultades cuya existencia han sido hasta ahora desconocidas para él, se vuelve consciente de la Unidad de Todo y su relación con todo lo que es. No es simplemente una cuestión de concepción intelectual, es el crecimiento de una nueva conciencia. La persona que posee esto, simplemente sabe; quien no lo tiene, considera la idea aliada a la locura. Este Conocimiento Cósmico llega a muchos como una iluminación; a otros es una cuestión de desarrollo lento y gradual.

Esta idea de la Unidad de Todo explica muchos problemas que el ser humano ha considerado incapaz de solucionar. Está en el corazón de todas las enseñanzas ocultas y esotéricas. Está en el centro de todo pensamiento religioso, aunque escondido, hasta que se encuentra la llave. Es la Llave que abre todas las puertas. Explica todas las contradicciones, todas las paradojas.

Une todas las discrepancias, todas las teorías opuestas, todos los diferentes puntos de vista de cualquier tema. Todo es Uno, nada puede quedar fuera de esa Unidad, todo y todos están incluidos. El individuo no puede escapar de su Unidad con Todo, por más que lo intente. La separación y el egoísmo se consideran simplemente el resultado de la ignorancia, de la cual el individuo está emergiendo lentamente. Cada persona está haciendo lo mejor que puede en su etapa particular de desarrollo. Y cada persona está creciendo, de forma lenta pero segura. El pecado no es más que ignorancia de la verdad. El egoísmo y el sentido de separación están en el fondo de todo lo que llamamos "pecado". Y bajo la Ley, cuando intencionalmente lastimamos a otro, rebota sobre nosotros mismos. Los pensamientos y actos malvados y egoístas reaccionan sobre nosotros mismos. No podemos herir a otro sin herirnos nosotros mismos. No es necesario que Dios nos castigue, nosotros nos castigamos a nosotros mismos. Cuando la raza finalmente comprenda y sea consciente de la Unidad de Todo, cuando tenga conocimiento de la Ley, cuando tenga conciencia de las cosas tal como son, entonces la separación y el egoísmo caerán como un manto arrojado, y lo que llamamos injusticia y pecado ya no podrá existir para la raza. Cuando la Paternidad de Dios y la Hermandad de las personas se conviertan en realidades en la conciencia del individuo, en lugar de hermosos ideales acariciados cariñosamente, pero considerados impracticables e imposibles de realizar, entonces la Vida será aquello con lo que se ha soñado a través de los siglos. Esta Unidad de

Todo es una de las verdades fundamentales del Nuevo Pensamiento, aunque muchos de sus seguidores parecen tener una vaga concepción de lo que realmente significa, y poco a poco están adquiriendo una comprensión de lo que significará para el mundo. El Nuevo Pensamiento enseña que el ser humano es inmortal. Sus maestros difieren en sus teorías sobre cómo y dónde vivirá en el futuro, yo no me propongo hablar extensamente de tales especulaciones. Sin embargo, diré esto, que cuando el individuo obtiene esa maravillosa seguridad de inmortalidad, a través de sus facultades espirituales despiertas, no ve la necesidad de preocuparse por el "cómo" y el "dónde". Él sabe que es y será. Tiene en su interior tal permanente sentido de existencia y de inmortalidad, que todas las especulaciones del hombre le parecen vanas teorías; por supuesto, útiles en su lugar, pero sin importancia vital para él. Sabe que no hay límites para las posibles manifestaciones de la vida; sabe que "infinito más infinito" no comenzaría a expresar las posibilidades que tiene ante él, y no se preocupa. Aprende a vivir en el ahora, porque sabe que está en la Eternidad ahora mismo, tanto como siempre lo estará, y procede a Vivir. Le preocupa la vida, no la muerte, y vive. Tiene confianza en Dios y en el Plan Divino, y está contento. Él sabe que si todo nuestro sistema solar y todos los demás sistemas cuyos soles son visibles para el individuo se disolvieran en sus elementos originales, él todavía existiría y seguiría en el Universo. Sabe que el Universo es grande y que él es parte de él, que no puede ser excluido o desterrado del Universo, que él es un átomo importante y que su destrucción desorganizaría y destruiría el todo. Sabe que mientras el Universo persista, él persistirá. Que, si él es destruido, el Universo se destruye. Él sabe que Dios tenía un propósito para él o no estaría aquí, y sabe que Dios no comete errores, no cambia de opinión y no destruye ninguna alma que él ha expresado. Él dice: Yo soy un Hijo de Dios; lo que seré todavía no aparece; pero pase lo que pase, aun soy un Hijo de Dios, lo que pueda ser mi futuro, no me concierne, no es asunto mío, pondré mi mano en la del Padre y diré: "Guíame".

Esta idea de la inmortalidad del alma, que el individuo es un ser Espiritual, es también un principio fundamental del Nuevo Pensamiento, aunque sus maestros tienen diferentes ideas sobre los métodos y planes de la vida futura. Personalmente, yo puedo ver la Vida solo como estando en una escala ascendente, subiendo desde lo más bajo a lo más alto, y luego cada vez más y más alto, hasta que mi visión espiritual se pierde. Yo creo que en el Universo hay seres mucho más bajos que nosotros en la escala espiritual, y que también hay otros mucho más avanzados, mucho más desarrollados que nosotros, como dioses en comparación con nosotros, y que vamos avanzando por el Sendero hasta que algún día estaremos donde ellos están, y que otros que ahora están mucho más abajo, algún día estarán donde estamos nosotros ahora, y así sucesivamente. Ésta es solo mi visión finita de un asunto infinito, yo no conozco estas cosas como conozco el hecho fundamental. Estos puntos de vista en particular no son fundamentales, no son más que una percepción tenue, ayudada de cierta forma por fuentes externas, así que no las aceptes a menos que sientas que significan la verdad para ti - si prefieres, forma tu propio concepto. No afectará al principio fundamental. Si tienes la conciencia del principio fundamental de la inmortalidad, entonces las teorías, puntos de vista y conceptos son como nada. No te conformes con las teorías, mías o de cualquier otra persona, no hay satisfacción hasta que tus pies estén firmemente plantados sobre roca. Luego, cuando sientas la roca sólida debajo de ti, puedes divertirte e instruirte jugando a construir casas, que puedes derribar mañana para erigir otras más de acuerdo con tus ideales avanzados. Pero la roca está ahí todo el tiempo y tú estás sobre ella.

El Nuevo Pensamiento nos enseña que hay una evolución espiritual en la persona, que está creciendo, desarrollándose y desplegándose en el logro espiritual. Que su mente se está desarrollando y haciendo que se desarrollen nuevas facultades que lo llevarán a senderos más elevados de logro. Que la Razón Superior comienza a manifestarse. Enseña que la raza se está acercando al plano del Conocimiento Cósmico. Los maestros hablan esta Verdad de diferentes maneras, usando diferentes palabras, pero la cosa en sí es un principio fundamental del Nuevo Pensamiento.

El Nuevo Pensamiento también enseña que "los pensamientos son cosas" que cada pensamiento que tenemos sale afuera, llevando consigo una fuerza que afecta a otros, en mayor o menor medida, dependiendo de la fuerza detrás de nuestro pensamiento y la actitud mental de las otras personas. Y enseña que los semejantes se atraen en el mundo del pensamiento, que una persona atrae hacia sí pensamientos en armonía con los suyos - personas en armonía con sus pensamientos - sí, que incluso las cosas están influenciadas por el pensamiento en diversos grados. Enseña que "como un hombre piensa en su corazón, así es él", y que una persona puede cambiar, y a menudo cambia, todo su carácter y naturaleza mediante un cambio de pensamiento, un ajuste de su actitud mental. Enseña que el pensamiento de miedo, la preocupación y todo el resto de la desagradable camada de pensamientos negativos, atraen pensamientos, personas, cosas desde el exterior, y bajan al individuo al nivel de sus imágenes mentales. Por el contrario, una persona con el pensamiento correcto, puede levantarse del fango y rodearse de personas y cosas que corresponden a sus pensamientos. Enseña que los pensamientos toman forma en acción. Y enseña que la Mente es positiva al cuerpo, y que una persona puede enfermarse o estar sana - enferma o libre de enfermedad - de acuerdo con sus pensamientos y actitud mental. Enseña que la mente del individuo contiene fuerzas latentes que yacen dormidas, esperando el día de su despliegue, las cuales pueden ser desarrolladas, entrenadas y utilizadas de una manera maravillosa. Enseña que el individuo está en su infancia con respecto al uso adecuado de sus poderes mentales. Estas cosas y otras similares, expresadas en decenas de formas según los puntos de vista de los respectivos maestros, son principios fundamentales del Nuevo Pensamiento.

No puedo hacer más que simplemente mencionar estas cosas ahora. En los capítulos siguientes trataré de profundizar un poco más en cada fase del tema, pero se necesitarían muchos volúmenes antes de que pudiera sentir incluso que he penetrado más allá de la superficie del tema. Y recuerda que solo te estoy dando mi pequeña parte de la Verdad. Todos los demás hombres o mujeres tienen su parte, de modo que mi porción es simplemente como un grano de arena en la orilla del mar.

El Nuevo Pensamiento no es una "moda pasajera" como muchos han supuesto, aunque muchos lo han convertido en la diversión de una hora ociosa. No se trata de una nueva religión como han pensado otros; contiene en su interior solo aquello que se puede encontrar en todas las grandes religiones del mundo, pero generalmente está tan bien escondido que solo aquellos que observan cuidadosamente pueden encontrarlo. No es una religión nueva, pero ayudará a arrojar nueva luz sobre cada religión o matiz de pensamiento religioso. No tiene iglesias ni templos; permite a sus seguidores adorar en los templos de sus padres o, si lo prefieren, al aire libre, en el océano, en el bosque, en sus habitaciones; en cualquier lugar, en todas partes, porque no pueden escapar del Universo y Dios está en todas partes, todos están en constante contacto con él y pueden sentir como toma de su mano si lo permiten; oír el susurro de su voz si solo escuchan.

El hombre o la mujer que despierte a la conciencia de los principios reales subyacentes y que componen lo que llamamos el Nuevo Pensamiento, habrá encontrado una paz que excede en alivio a todo lo que se haya conocido; sentirá una alegría más allá de lo que jamás haya soñado; habrá adquirido un conocimiento que excede todo lo que se ha considerado posible. Las palabras no pueden expresar esto; hay que verlo, sentirlo, vivirlo, realizarlo.

Esta, amigos míos, es mi respuesta a la pregunta: "¿Qué es El Nuevo Pensamiento?" Estoy plenamente consciente de que no la responde, pero también veo que uno no puede responder a esa pregunta en pocas palabras; tal vez no se pueda responder completamente en tantos volúmenes como frases he usado. Es demasiado grande. Significa algo para cada hombre o mujer que se siente atraído a ello, cada uno toma lo que se adapta a sus necesidades y deja el resto para otros. Y sin importar cuanto podamos sacar, el suministro nunca disminuye. Y así, parece que simplemente he respondido a la pregunta contando un poco de lo que el Nuevo Pensamiento significa para mí, solo un poco. Entonces, si significa algo más para ti, algo más de lo que he mencionado, algo diferente de lo que he dicho, no me culpes a mí ni a ti mismo, simplemente vemos lo que hemos extraído del manantial en nuestra pequeña taza, el manantial todavía está lleno y fluyendo constantemente. Tu taza es tan buena como la mía, la mía tan buena como la tuya, así que no discutamos sobre eso, ni comparemos las tazas. En cambio, bebamos del fluido chispeante y vivificante que se nos ha dado y hablemos en voz alta para que otros que tienen sed y buscan el manantial puedan saber que se encuentra. No es tuyo ni mío, es propiedad de Todos.

CAPÍTULO 2

LOS PENSAMIENTOS SON COSAS

Cada pensamiento que tenemos pone en movimiento ondas de pensamiento, o vibraciones, que viajan con mayor o menor velocidad e intensidad, variando con la fuerza del pensamiento original, y que afectan, en mayor o menor medida, a personas muy alejadas de las que envían el pensamiento. Constantemente estamos enviando influencia de pensamientos y constantemente recibimos ondas de pensamiento de otros. Ahora, no me refiero a pensamientos enviados deliberadamente a la mente de otro, o pensamientos deliberadamente recibidos por uno desde la mente de otro, de acuerdo con las bien conocidas y bien establecidas leyes de la telepatía, sino al envío y recepción inconsciente de pensamientos, el cual es igualmente real, pero mucho menos entendido, y que está sucediendo en cada uno de nosotros todo el tiempo. Por supuesto, todas estas son diferentes manifestaciones de lo que llamamos Telepatía o transferencia de pensamientos, pero el término generalmente es usado para designar el envío y la recepción consciente de mensajes mentales. Este poder de transferencia de pensamientos es ejercido continuamente por todas las personas, generalmente de manera indirecta e inconscientemente. Nuestros pensamientos crean vibraciones las cuales son enviadas en ondas en todas direcciones y afectan en mayor o menor medida a todas las personas con cuyas mentes entran en contacto. Podemos ver ejemplos de esto en la vida cotidiana. Las personas son afectadas por los pensamientos de los demás en los negocios, en la calle, en el teatro, en la iglesia, de hecho, en todas partes. La opinión pública está formada en gran parte por los pensamientos de un número de pensadores vigorosos y enérgicos, enviados en ondas de pensamientos, que influyen rápidamente en todo el país, la onda de pensamiento gana fuerza a medida que avanza y se suma a las vibraciones de pensamiento de todos los que afecta. Grandes olas de sentimiento popular recorren el país llevando ante ellos a todos, menos a aquellos que comprenden las leyes de la influencia mental y que se han protegido contra estas impresiones externas. Las ondas de pensamiento combinadas de la mayoría de la gente golpean la mente del individuo y ejercen una influencia casi irresistible.

Hay un hecho muy importante en este estudio del poder de las vibraciones del pensamiento, el cual todo hombre o mujer debe tener constantemente presente. Me refiero al hecho de que "lo semejante atrae a lo semejante" es la ley que se mantiene en el mundo del pensamiento, y que uno atrae hacia sí los pensamientos de los demás que corresponden en tipo a los sostenidos por él mismo. Un individuo que odia atraerá hacia sí todas las ondas de pensamientos de odio y malicia dentro de un amplio radio, y estos pensamientos adicionales actúan como combustible para el fuego de sus sentimientos básicos y lo vuelven más odioso y malicioso que nunca. Aquel que piensa en amor y ha superado los antiguos pensamientos negativos del desarrollo imperfecto, no atraerá estos pensamientos negativos hacia él. Estos pasarán de largo, apresurándose hacia algún punto de atracción en la mente de otros que están pensando en la misma línea. Y aquel que piensa en amor atraerá hacia sí todos los pensamientos de amor dentro de su círculo de influencia. Las personas reconocen instintivamente esta fuerza cuando se reúnen en el mismo vecindario con otros en la misma línea de pensamiento. Las comunidades tienen sus individualidades al igual que las personas. Cada aldea, pueblo y ciudad tiene sus propias peculiaridades que son perceptibles para quienes entran. Y los extraños que se trasladan a estas comunidades adquieren gradualmente las características del lugar, a menos que las mismas resulten muy desagradables para ellos, en cuyo caso intentarán alejarse del pueblo lo antes posible y no estarán contentos mientras permanezcan dentro de sus fronteras. Es bueno estar rodeado de aquellos cuyos pensamientos son similares a los nuestros, ya que así aumentamos el poder de los demás y estamos relativamente libres de influencias externas perturbadoras. Por supuesto, mediante la práctica y el entendimiento las personas pueden hacerse positivas a los pensamientos de los demás y pueden libremente dejarse rodear de personas de una línea de pensamiento completamente diferente, e incluso, al hacerlo, pueden atraer hacia sí mismas, desde mayores distancias, los pensamientos que armonizan con los propios.

Cada persona está constantemente rodeada de un aura de pensamiento que afecta a aquellos con quienes entra en contacto. Algunas personas nos atraen sin decir una palabra, mientras que otras nos repelen tan pronto como nos acercamos al radio de su aura. El aura de una persona se compone de la esencia de sus pensamientos predominantes - refleja su actitud mental general. Esta aura no solo la sienten las personas, sino también los animales inferiores. Los niños son muy susceptibles a sus influencias, y muchos gustos y disgustos inexplicables de los niños no se pueden explicar de otra manera. Algunas personas son muy sensibles a la atmósfera de pensamiento de los demás y percibirán de inmediato la actitud mental de aquellos con quienes entran en contacto. Algunos psíquicos son capaces de percibir esta aura y afirman que varía en densidad y tono, de acuerdo con la calidad de pensamiento predominante del individuo.

Cuando uno se da cuenta del maravilloso funcionamiento de la ley de atracción del pensamiento, ve la importancia de controlar sus pensamientos de tal manera que pueda atraer solo el mejor y más útil pensamiento del mundo, en lugar del pensamiento deprimente, hiriente y negativo que se está enviando de tantas mentes. Un individuo que mantiene una actitud mental esperanzada, confiada, sin miedo, atraerá hacia sí mismo un pensamiento similar de los demás, y será fortalecido y ayudado por el influjo del pensamiento externo, pasará de éxito en éxito, ayudado por la fuerza combinada de los pensamientos que ha atraído hacia él. Se convierte en un imán que atrae hacia sí mismo aquello que lo ayuda y lo fortalece. Igualmente cierto, es el hecho de que el individuo que mantiene una actitud mental negativa, temerosa y abatida atraerá hacia sí pensamientos semejantes del gran campo del pensamiento, los cuales lo derribarán y arrastrarán aún más profundamente hacia el pantano del desaliento. Recuerda siempre, "los similares se atraen" en el mundo del pensamiento. Y puedes estar seguro de que cualquier cosa que pienses, atraerá un pensamiento correspondiente que ha sido enviado desde las mentes de otros.

¿Alguna vez has notado el atractivo poder del pensamiento en los casos de personas extrañas que se ponen en contacto entre sí? Cada uno atrae los de su tipo. Coloca a cien hombres o mujeres extraños en una habitación y en una hora se han formado en grupos, cada grupo representa un tipo diferente, una actitud mental diferente. Cada uno instintivamente atrae y es atraído por las cualidades correspondientes de otro.

Si deseas desarrollar ciertas líneas, el mejor plan es pensar en las líneas deseadas tanto como puedas, esforzándote por sostener los pensamientos relacionados con ello tanto como sea posible. Al hacerlo, no solo desarrollarás la mente por autosugestión, sino que atraerás, del gran océano de pensamientos, los útiles pensamientos que han sido enviados por otros y obtendrás el beneficio de sus pensamientos, así como el tuyo. Muchos de nosotros hemos estado pensando muy intensamente a lo largo de ciertas líneas y con pleno poder de concentración y, de repente, una idea brillante viene a nuestras mentes desde algún lugar, y casi nos asombramos al obtener repentinamente un valioso pensamiento relacionado con el asunto en cuestión. El pensamiento vigoroso, positivo, esperanzador, expectante y concentrado sobre casi cualquier tema, atraerá hacia sí mismo pensamientos útiles y valiosos de los demás. No hay duda de que muchas personas han desarrollado poderes en esta dirección que los ponen en contacto con las mejores mentes que trabajan en líneas similares. Muchos inventores se encontrarán produciendo el mismo invento, y los escritores con frecuencia encuentran que el libro que acaban de escribir tiene un parecido sorprendente con uno producido simultáneamente por otro escritor, quizás en un país diferente. A menudo, muchos sentimientos severos son engendrados por la falta de comprensión del funcionamiento de la ley del pensamiento.

He hablado extensamente sobre este tema en mi trabajo anterior, titulado "Fuerza del Pensamiento", y solo puedo referirme a ello en el presente volumen. Sin embargo, juega un papel importante en las enseñanzas del Nuevo Pensamiento, y el estudiante pronto se da cuenta de su maravillosa influencia en los asuntos de la vida diaria.

No hay motivo para que alguien se alarme por la posibilidad de verse indebidamente afectado por los pensamientos de otros. El remedio es colocarse en la nota adecuada para que pueda recibir solo las vibraciones beneficiosas, correspondientes a los pensamientos superiores en su propia mente. Cada individuo es maestro de su propia mente y nada entrará allí a menos que él lo permita. La influencia interna es mucho más fuerte que la externa. Todo lo que uno tiene que hacer es mantener su propia mente libre de pensamientos inferiores y negativos, entonces los pensamientos indeseables de los demás no serán atraídos hacia él. Solamente los pensamientos que armonicen encontrarán un refugio agradable dentro de su mente. Él fija su propia nota mental y su mente no responderá a ninguna otra nota. Si piensa en amor, el odio no se le acercará; si piensa en Verdad, los pensamientos mentirosos huirán de él. "Como un hombre piensa en su corazón, así es él" se aplica aquí también.

El Individuo tiene maravillosas posibilidades en la dirección de desarrollar su mente de tal manera que pueda atraer hacia sí mismo lo que necesita del gran almacén de pensamientos inexpresados del mundo. Encontrará enormes cantidades de pensamientos inexpresados que anhelan expresión, los cuales se verterán con entusiasmo en su mente en busca de esa expresión que no fue dada por la mente en la que se originaron. Los pensamientos están hambrientos por expresión y acuden a la mente de aquel que tiene la energía suficiente para expresar los pensamientos que vienen a él. Muchas personas son demasiado perezosas para expresar los grandes pensamientos que originan y permanecen para otros que absorben estos pensamientos no expresados y los utilizan. Nada se desperdicia y lo que un individuo no use, otro lo aprovechará. El pensamiento no expresado se agrega a la reserva común para ser utilizado por todos los que lo necesitan y lo atraerán hacia sí mismos. Tu mente es un imán atrayendo hacia sí pensamientos de acuerdo con sus demandas y deseos, conscientes o inconscientes. Si cultivas la actitud mental adecuada podrás atraer el mejor producto del pensamiento del mundo. ¿No vale la pena intentarlo?

CAPÍTULO 3

LA LEY DE ATRACCIÓN

El funcionamiento de la Ley de Atracción es algo que durante mucho tiempo me intrigó bastante después de interesarme por el Nuevo Pensamiento, y soy de la opinión de que a otros les resulta difícil de entender. Es relativamente fácil comprender el efecto de la mente en el cuerpo; la mente en la mente de los demás; la fuerza de voluntad en la mente; el hecho de que un pensamiento atraerá un pensamiento similar, etc. Pero cuando alguien se hace consciente por primera vez que existe una Ley de Atracción por la cual uno atrae cosas hacia sí – que ejerce un control sobre las circunstancias en razón del carácter de sus pensamientos – es probable que le resulte difícil captar el hecho o comprender la ley que opera de esta manera. Aparentemente, existe una gran diferencia entre el efecto del pensamiento sobre las personas y el efecto de los pensamientos sobre las cosas. Pero cuando uno capta la idea de la Unidad de Todo, comenzará a comprender por qué una parte del todo afectará a otra parte del todo, ya sea esa otra parte una persona o una cosa. Nunca he escuchado una explicación clara y completa del funcionamiento interno de la Ley de Atracción, aunque muchos entienden el funcionamiento general y se puede obtener una idea justa mediante el razonamiento por analogía. Sin embargo, que la Ley de Atracción existe y está en plena actividad, muchos hombres y mujeres lo saben por experiencia, y el principiante que no pueda entender, encontrará necesario al principio tomar la Ley con fe, hasta que se convenza de su existencia real por los resultados obtenidos por él mismo.

Parece haber una gran ley de la Naturaleza por la cual un átomo atrae hacia sí lo que necesita para su desarrollo. Y la fuerza que produce estos resultados se manifiesta en el Deseo. Puede haber muchos deseos, pero el predominante tiene el poder de atracción más fuerte. Esta ley es reconocida a través de los diversos reinos de la naturaleza, pero recién comienza a reconocerse que la misma Ley se mantiene en el reino de la mente.

Nuestra actitud mental nos hace atraer cosas que corresponden en tipo a nuestros pensamientos y deseos predominantes. Un pensamiento firmemente fijado en la mente y sostenido continuamente, atraerá a su poseedor las cosas representadas por ese pensamiento, excepto en aquellos casos en los que otras influencias mentales estén actuando contrarrestando el poder del pensamiento. Por ejemplo, si dos personas desearan sinceramente lo mismo, la fuerza de pensamiento más fuerte ganaría el objeto.

Pero no siempre es lo mejor desear algo en especial, ya que es posible que esa cosa en particular no sea lo mejor para ti en tu actual etapa de desarrollo. El mejor plan es mantener el pensamiento del éxito final, dejando los detalles al funcionamiento de la Ley y aprovechando las cosas que suceden, volviendo cada una para tu ventaja y sin dejar pasar ninguna oportunidad sin hacer uso de ella. Se encontrará que la Ley opera de esa manera. He visto personas que fijaron sus ambiciones y aspiraciones en algo en particular y después de obtenerlo descubrieron que no era para nada lo que querían. Como he dicho, el mejor plan es mantener la actitud mental de éxito y logro, dejando que los detalles se resuelvan día a día, aprovechando cada característica del plan tal como se presenta y sintiendo siempre que aquello en particular que está ocurriendo es lo mejor que podría suceder en vista del éxito final.

Creo que gran parte del trabajo de la Ley de Atracción se logra atrayendo a personas de ideas similares que probablemente estén interesadas en tus planes, ideas, negocios, etc., y al mismo tiempo haciéndose ser atraído por otras personas que puedan ser de utilidad. Es un caso de atracción mutua, no de la influencia de una mente sobre otra. Dos personas de actitudes mentales similares se atraerán entre sí y se unirán en beneficio mutuo. Y aunque el resultado muchas veces parece ser la atracción de cosas, se verá que las cosas son movidas por personas. Muchos otros resultados importantes ocurren cuando alguien atrae hacia sí pensamientos e ideas del exterior, las cuales pone en práctica y así puede realizar su deseo.

Pero hay casos en los que se ve que la mente tiene un efecto claro sobre las cosas. Algunas personas parecen ser inmunes a los accidentes, mientras que otras siempre se encuentran con ellos. Las personas de naturaleza intrépida y atrevida parecen estar libres de muchas cosas que les ocurren a las personas llenas de miedo. Pareciera que la vida de algunos es protegida por magia en la batalla, mientras que otros siempre están siendo heridos. He oído hablar de varios casos en los que las personas casi han buscado la muerte y no han podido encontrarla. A primera vista, parecería que lo que buscaban debería haberles llegado, pero un análisis un poco más detenido nos muestra que lo que realmente hicieron fue deshacerse del miedo.

Y lo mismo parece ser cierto en los negocios y la vida cotidiana. El individuo que se atreve y parece desprovisto de miedo toma todo tipo de oportunidades y generalmente al final sale ganando. Si falla, generalmente es porque pierde los nervios en el último momento. El miedo es una de las mayores fuerzas de atracción de la mente. Es igual a la confiada expectativa, de hecho, el miedo es una especie de confiada expectativa del mal por venir, la expectativa varía en grado con la cantidad de miedo.

Tus pensamientos te ponen en conexión con el mundo exterior y sus fuerzas, y atraes y repeles personas y cosas por el carácter del pensamiento que sostienes. Tú y ellos son atraídos el uno por el otro, porque sus pensamientos están en el mismo tono. Tú estás en estrecho contacto con todas las demás partes del todo, pero atraes hacia ti solo aquellas partes que corresponden en tipo con tu actitud mental. Si piensas en éxito, verás que has puesto en operación las fuerzas que conducen a ese éxito, y si mantienes la misma posición mental, con el tiempo otras cosas se alinearán a medida que se necesiten y te ayudarán en tus esfuerzos. Las cosas parecerán venir en tu camino de la manera más asombrosa y surgirán oportunidades que, si se aprovechan, te asegurarán el éxito. Descubrirás que vienen a tu mente nuevos pensamientos, los cuales debes aprovechar. Te encontrarás con personas que te ayudarán de muchas formas, con sugerencias, ideas y ayuda activa. Por supuesto, el trabajo que debes hacer tú mismo no lo harán otros por ti, pero la Ley te ayudará y asistirá continuamente. Traerá oportunidades y posibilidades a tu puerta, pero tú tendrás que aprovecharlas. Te conducirá hacia puertas que se abren hacia el avance, pero tú tendrás que abrir las puertas. Emprenderás lo que parecerán ser caminos indirectos para llegar a algo, pero no dejes que eso te preocupe, porque llegarás al final de tu viaje, sin importar lo sinuoso que sea el camino.

A veces te llevará más allá del punto al que apuntabas, y al pasar sonreirás al pensar en cómo ese punto del camino, que ahora parece tan poco importante, un poco más atrás parecía ser tu destino, tu razón para hacer el viaje. A veces, lo que parece representar todo lo que vale la pena tener y lo que te inspira a hacer el esfuerzo, habrá perdido todo interés para ti cuando te acercas a ello y no intentarás tomarlo, sino que seguirás adelante, rápidamente, empujado por las fuerzas infalibles que se han puesto en acción.

Fe en la Ley y el reconocimiento de la misma, parecen recompensarse con un avance inmediato. La falta de fe y la negación de ella, parecen frenar el progreso, aunque la ley siempre está en funcionamiento, porque si no estamos avanzando nos está tirando en alguna otra dirección en razón de las fuerzas de atracción que hemos puesto en operación, aunque lo hagamos inconscientemente. Aparentemente, la ley funciona de dos maneras, aunque ambas en realidad son solo manifestaciones diferentes de una. Aquello que temes atrae tanto como lo que esperas.

Cuando uno está buscando problemas, generalmente los encuentra, y cuando siente su capacidad para soportar todo tipo de problemas y superarlos, el problema no parece venir. Uno obtiene lo que busca. El antiguo dicho de que el mundo valora a una persona de acuerdo con su propia valoración, aunque no es estrictamente correcto, se basa en el reconocimiento de esta Ley. Una persona que espera ser pisoteada y golpeada, generalmente hace realidad sus expectativas, mientras que una persona que exige respeto, generalmente lo consigue.

Como ya he dicho, la Ley no hará el trabajo de un individuo por él, pero pone herramientas y materiales a su alcance y lo mantiene bien provisto de ambos. La Ley constantemente nos brinda oportunidades a cada uno, y depende de nosotros aprovecharlas o dejarlas pasar desatendidas. Pensamientos, cosas, personas, ideas, oportunidades, posibilidades, y otras cosas que atraemos, pasan ante nosotros todo el tiempo. Pero se necesita valor para tomarlas. El individuo de éxito es aquel que sabe aprovechar las oportunidades que otras personas no ven.

Él tiene confianza en sí mismo y en su capacidad para dar forma al material crudo que tiene a mano. Y así, nunca siente que no hay más oportunidades en el mundo para él o que todas las cosas buenas han pasado. Él sabe que hay muchas más cosas buenas de donde vinieron las demás, simplemente mantiene los ojos abiertos y después aparece algo, entonces, él se acerca y lo toma.

La Ley de Atracción está en pleno funcionamiento. Tú estás haciendo uso de ella, constantemente e inconscientemente, cada minuto de tu vida. ¿Qué tipo de cosas estás atrayendo hacia ti? ¿Qué tipo de cosas quieres? ¿Tus pensamientos se corresponden con las cosas que quieres o con las cosas que temes? ¿Con cuáles? La Ley es bien tu amo o tu sirviente. Haz tu elección y hazla ahora.

CAPÍTULO 4

CONSTRUYENDO LA MENTE

Al individuo avanzado se le reserva el glorioso privilegio de construir su mente de manera consciente en cualquier forma deseada, el privilegio de alterar, reparar y agregar a la estructura mental. En los animales inferiores, en el hombre primitivo e incluso en la mayoría de las personas de hoy, el trabajo de construir la mente se realiza en gran medida por fuerzas externas a él - el entorno, las asociaciones, las sugestiones, etc. - por supuesto, incluso personas más avanzadas están sujetas a estas influencias. Pero el individuo desarrollado sabe que él mismo participa en la construcción de su mente. Esta construcción se realiza por completo en el campo subconsciente, el pensamiento consciente suministra el material y el "yo" es el constructor. En ocasiones anteriores, he hablado del plano subconsciente de la mente y cómo cada día son añadidos los pensamientos del plano consciente de nuestra propia mente, los pensamientos de los demás, las sugestiones, etc. También he comparado el plano subconsciente de la mente con un cuerpo de agua en el cual fluye una corriente clara, y cómo el carácter de todo el cuerpo de agua depende de la cualidad del agua que se vierte.

La mente subconsciente también puede compararse con un inmenso almacén, donde se transportan y almacenan los bienes. Se verá fácilmente que el carácter del contenido del almacén debe estar determinado por el grado y la calidad de los bienes que se transportan día a día. Comprendido esto, se verá fácilmente cuán importante se vuelve la selección de estos bienes mentales que se almacenan.

El plano subconsciente de la mente es un inmenso almacén al que continuamente llevamos bienes para almacenarlos para un uso futuro. Además, estos bienes son utilizados constantemente. La mayor parte de nuestro pensamiento se realiza a lo largo de las líneas de la actividad mental subconsciente, y el plano subconsciente de la mente solo puede usar lo que ya ha sido almacenado en su espacio.

La mente se mueve por las líneas de menor resistencia y cuando se nos hace necesario pensar en un determinado asunto nos encontramos tomando la línea de pensamiento más fácil, que es siempre la línea que se ha recorrido con más frecuencia en el pasado. Nos cansa pensar en nuevas líneas, mientras que pensar en las antiguas líneas habituales requiere poco esfuerzo, en consecuencia, nos movemos por las líneas de menor resistencia. En el plano subconsciente de nuestra mente tenemos muchas opiniones cortadas y secas, muchas ideas ya hechas, sobre las cuales nunca hemos pensado seriamente. En algún momento, en el pasado, hemos aceptado estas opiniones o ideas de alguna fuente y nunca hemos considerado seriamente el otro lado de la cuestión. Sin embargo, cuando alguno de estos temas surge en una conversación o lectura, encontramos que tenemos opiniones bien asentadas sobre ellos y a menudo somos bastante intolerantes con respecto a ellos. Solo cuando nos vemos obligados a sacar la antigua opinión e idea y examinarla cuidadosamente y de cerca, nos damos cuenta de que no tiene ningún mérito, y nos molesta pensar que hemos estado manteniendo por tanto tiempo lo antiguo, entonces lo desechamos y lo reemplazamos con un buen pensamiento de nuestra propia fabricación. Una buena limpieza de la casa mental nos revelará muchos de estos artículos inútiles e imperfectos alrededor del almacén subconsciente.

Entre los muchos artículos mentales inútiles que se encuentran en la mayoría de las mentes se pueden ver los pensamientos de miedo, preocupación, celos, odio, malicia, envidia, etc. Un cuidadoso examen de estos artículos resultará en que sean arrojados al montón de la basura mental y en su lugar sean puestos nuevos artículos adecuados. Ninguno de esos artículos resistirá las pruebas de la Razón Superior. Así, la creencia de que el individuo es un gusano del polvo; un miserable pecador digno solo de la condenación eterna; un hijo de las tinieblas apto solo para el foso de fuego; todas estas creencias se han transmitido a hombres y mujeres, y las han almacenado en el almacén subconsciente y las utilizan constantemente.

¿Cómo un individuo puede creerse un gusano del polvo y un hijo de las tinieblas, y al mismo tiempo reconocer que es un Hijo de Dios con un destino tan grandioso, tan grande y tan brillante, que su mente no puede ni siquiera concebirlo? ¿Con tales ideas gobernándolo, como puede deshacerse de la envoltura que le ha quedado pequeña, y avanzar hacia una conciencia espiritual más brillante?

Y así también la idea de fracaso, miedo, preocupación, y todo el resto. Al individuo le han vertido estas cosas hasta que está tan lleno de ellas que influyen en todas sus acciones y pensamientos. Y mientras más piense y actúe en estas líneas, es más probable que continúe con esos pensamientos y acciones en el futuro. Él está viajando una y otra vez por el antiguo camino hasta que hacerlo se vuelve una segunda naturaleza y es más difícil emprender una nueva ruta.

El individuo debe darse cuenta de que *es lo que piensa.* Debe saber que está construyendo su mente, inconscientemente, es cierto, por el carácter de los pensamientos que está pensando. Si tiene pensamientos radiantes, alegres, felices, confiados y valientes, está construyendo una mentalidad coloreada con estos pensamientos. Igualmente es cierto que, si tiene pensamientos de miedo, preocupación, tristeza y desesperación, su mentalidad tomará ese color y todas sus acciones estarán influenciadas por el tono predominante de su actitud mental.

En mi trabajo anterior, titulado "Fuerza del Pensamiento", entregué un largo capítulo sobre "Construcción del Carácter mediante el Control Mental", en el cual se muestra cómo una persona prácticamente puede transformarse a sí misma cultivando una determinada línea de pensamiento y dejándola asentarse en su mentalidad subconsciente. Manteniendo continuamente la mente en ciertos canales, uno puede entrenar y desarrollar las facultades para que pronto adopten el nuevo hábito del pensamiento y, sin esfuerzo, sigan el nuevo camino mental que se les ha trazado. Recuerda, cada vez que tienes un pensamiento o actúas un pensamiento, haces que sea mucho más fácil para tu mente hacer lo mismo de nuevo.

Si desea ser enérgico y activo, piensa tantos pensamientos enérgicos y activos como puedas e intenta ponerlos en práctica. Deja que tus pensamientos estén constantemente sobre estos temas y procura manifestar el pensamiento en acción tanto como sea posible. Siguiendo este curso, gradualmente te irás transformado, en lo que respecta a esos hábitos, y el nuevo camino será el camino natural, y los antiguos hábitos descartados te parecerán muy irreales. Uno puede entrenar su mente en cualquier dirección deseada o considerada necesaria. Recuerda, es la mentalidad consciente entrenando y dando forma al subconsciente. Tú estás llenando el almacén subconsciente con los bienes que deseas utilizar, y cuando tengas la ocasión de sacar cualquiera de estos bienes mentales, puedes esperar encontrar solo los que has colocado allí.

La mentalidad subconsciente se puede entrenar tal como se entrenaría a un niño o una mascota. Puede moldearse y formarse según la voluntad. Requiere perseverancia, por supuesto, pero es importante lograrlo. Hemos sido sirvientes de nuestras mentes durante tanto tiempo que hemos llegado a considerar ese estado como irremediable y, aunque no nos gusta, casi nos hemos resignado a lo inevitable. El Nuevo Pensamiento lleva el mensaje de libertad mental al individuo. Le muestra que la mente no es más que una herramienta del Ser Real, un instrumento para ser utilizado, una máquina a la que se le puede enseñar a cumplir sus órdenes. Si el deseo está en una persona, puede moldear su mente para llevar a cabo sus deseos y aspiraciones.

Si una persona carece de ciertas cualidades, puede desarrollar y hacer crecer estas cualidades deseadas, teniéndolas constantemente en su mente y manifestarlas en acción tan a menudo como sea posible. Y si uno desea superar ciertos pensamientos y tendencias débiles, puede hacerlo manteniendo el pensamiento exactamente opuesto al que desea superar. Él tiene el control si solo lo afirma. Él es el dueño del almacén y tiene el poder de admitir solo aquellos bienes que considere deseables.

Las autosugestiones y las afirmaciones son prácticamente lo mismo. Consisten en ciertos enunciados que, constantemente repetidos o afirmados por uno, harán crecer en el interior las cualidades correspondientes a la autosugestión o la afirmación.

Si alguien carece de confianza en sí mismo y es tímido, vergonzoso o apocado, la afirmación "Yo Puedo y lo Haré" resultará un maravilloso tónico mental. Que la repita una y otra vez, no como un loro, sino con plena concepción de su significado, y dentro de poco encontrará que las vibraciones del "Yo Puedo y lo Haré" comienzan a manifestarse en él. Y cuando de repente se enfrente a una proposición o tarea, encontrará que el pensamiento "Yo puedo y lo haré", surgirá y la acción lo seguirá. Antes de este cambio, él no sentía nada más que "No puedo" y "Tengo miedo" cuando se enfrentaba a algo nuevo. Ahora se habrá transformado a sí mismo.

Lo mismo ocurre con cualquier línea de pensamiento. Adquiere el hábito de pensar en ti mismo como deseas ser, y en poco tiempo te verás convirtiéndote en ello.

Constantemente estás construyendo tu mente, estás erigiendo el edificio del carácter todos los días. ¿Cómo lo estás construyendo? ¿Qué materiales estás usando en el edificio? ¿Está utilizando el mejor material posible: los materiales de pensamiento positivos, brillantes y seguros? ¿O estás usando los materiales defectuosos, imperfectos, negativos y temerosos que tantos han usado?

Al construir tu mente, ¿por qué no lo haces bien? ¿Por qué no insistes en que no se utilice nada más que el mejor material y rechaza todos los que no sean deseables? Tienes la operación en tus manos, tú eres el constructor. Si haces un mal trabajo, no culpes a nadie más que a ti mismo. Tú estás construyendo hoy, ¿qué tipo de material estás usando?

CAPÍTULO 5

EL MORADOR DEL UMBRAL

Muchos de ustedes han leído la historia ocultista de Edward Bulwer Lytton, "Zanoni", y recuerdan al "Morador del Umbral", ese espantoso monstruo que se enfrentó al neófito, Glyndon, en la cámara secreta del maestro, Mejnour, y del cual habla Mejnour cuando dice:

> Entre los moradores del Umbral hay Uno, también, superando en malignidad y odio a toda su tribu, uno cuyos ojos han paralizado a los más valientes y cuyo poder aumenta sobre el espíritu precisamente en proporción a su miedo.

En otro capítulo, Glyndon, busca penetrar en los misterios de la cámara secreta y se encuentra con el espantoso guardián de la puerta, el cual se describe así:

La ventana se oscureció con algún objeto indistinguible a primera vista, pero que misteriosamente bastó para transformar en inefable horror el deleite que él había experimentado antes. Poco a poco, este objeto fue tomando forma ante su vista. Era la de una cabeza humana cubierta con un velo oscuro, a través del cual fulminaba con ojos furiosos y demoníacos que congelaban la médula de sus huesos. No era distinguible nada más del rostro - nada más que esos intolerables ojos....

Parecía más bien gatear como un gran reptil deforme y, deteniéndose por un momento, se encogió junto a la mesa que sostenía el volumen místico y volvió a fijar los ojos a través del velo vaporoso en el temerario invocador...

Aferrándose con el agarre de la agonía a la pared, con el cabello erizado, los ojos encendidos, todavía miraba hacia atrás con esa mirada espantosa. La imagen le habló - su alma, más que su oído, comprendió las palabras que decía: "Tú has entrado en la región inconmensurable. Yo soy el Morador del Umbral".

Aquellos familiarizados con los símbolos y figuras ocultistas reconocen en El Morador del Umbral de Lytton, el enemigo del progreso del individuo - esa figura espantosa que se encuentra ante la puerta de la libertad - el Miedo.

El miedo es el primer y gran enemigo que debe vencer el hombre o la mujer que desea escapar de la esclavitud y alcanzar la Libertad. La puerta a la Libertad está señalada, y el buscador da unos pasos en esa dirección, pero se detiene al ver al maligno Morador del Umbral: el Miedo.

Lytton no lo ha descrito de una forma demasiado espantosa - las palabras no pueden describir lo espantoso de este monstruo.

El miedo se interpone en el camino de todo progreso, todo avance, todo escape. El miedo está en la base de todos los fracasos de las personas, los dolores, la infelicidad. El miedo de la raza la mantiene esclavizada; el miedo del individuo lo mantiene esclavo. Mientras no se supere el miedo, no puede haber avance ni para el individuo ni para la raza. Este enemigo debe ser superado antes de poder escapar. Y puede ser superado por aquellos que lo enfrentan con calma y valentía. Mira al miedo directamente a los ojos y sus ojos se bajarán y se retirará ante ti. Afirma el Yo Soy, sabiendo en lo más profundo de tu alma que nada puede dañar al verdadero Yo, y el miedo volará ante ti, temiendo que lo conquistarás y lo atarás con cadenas; él conoce el poder de la conciencia del Yo Soy.

Cuando un individuo permite que el miedo entre en su corazón, atraerá hacia él todo lo que teme. El miedo es un poderoso imán y ejerce un tremendo poder de atracción. Además de esto, paraliza los esfuerzos y la energía del individuo y le impide hacer lo que podría hacer fácilmente si estuviera libre del monstruo. El individuo triunfa en la medida en que se libera del miedo. Muéstrame a la persona exitosa y te mostraré alguien que se ha atrevido y que le ha dado la espalda al miedo.

Por ejemplo, toma tu propia vida. Se te han ofrecido muchas oportunidades que has dejado pasar debido al miedo. Has tenido bastante éxito y en el último momento, cuando el premio estaba a la vista, retiraste la mano y huiste a la retaguardia. ¿Por qué? Porque "perdiste los nervios" y el miedo entró en tu corazón. Cuando el microbio del miedo ingresa al sistema, todo el cuerpo se paraliza. El miedo es el padre de toda la camada de pensamientos negativos que mantienen a las personas en esclavitud. De su vientre brotan la preocupación, los celos, el odio, la malicia, la envidia, el egoísmo, el fanatismo, la intolerancia, la condenación, la ira y el resto de la horrible camada. Dudas de esto, ¿verdad? Bueno, veamos. Tú no te preocupas por las cosas a menos que les temas; tú no te sientes celoso a menos que el miedo también esté presente; el odio siempre está mezclado con miedo y surge de él, uno no odia nada que esté más allá del poder de lastimarlo; la envidia muestra su origen; el fanatismo, la intolerancia y la condena surgen del miedo; la persecución comienza solo cuando se teme al objeto; un análisis detenido mostrará que la ira surge de una vaga sensación de miedo a lo que causa la ira, algo que no se teme causa diversión y burla en lugar de ira. Analiza cuidadosamente y encontrarás que todos estos pensamientos negativos y perjudiciales guardan una semejanza familiar con su padre: el miedo. Y si empiezas a trabajar y eliminas el miedo, la horrorosa camada de crías morirá por falta de alimento.

El miedo ha hipnotizado a la raza durante siglos y sus efectos son tan notorios ahora como siempre. Hemos absorbido el miedo con la leche de nuestra madre; sí, incluso antes de nacer hemos sido maldecidos con esta

43

cosa. Nos lo han sugerido desde la infancia. Los "y si", "supongamos", "pero", "qué pasaría si" y "¿no tienes miedo?" Siempre han estado con nosotros. Se nos ha enseñado a temer todo lo que está arriba en los cielos, abajo en la tierra y en las aguas debajo de la tierra. Los monstruos de la niñez, las cosas temidas de la madurez, son todas de la misma pieza. Toda nuestra vida nos han dicho que "los duendes te atraparán si no estás atento". Volvámonos hacia donde queramos y las sugestiones del miedo son derramadas constantemente sobre nosotros. Cualquiera que conozca el poder de las sugestiones repetidas puede darse cuenta de lo que todo esto ha significado para el mundo. La valiente banda de gente del Nuevo Pensamiento - la gente del No te Preocupes - y otros de esta línea de pensamiento, están haciendo mucho para verter un chorro de agua clara y vivificante en el charco fangoso y estancado del pensamiento del miedo que el mundo ha permitido que se acumule, y otros están agregando a la corriente cada día, pero el estanque es enorme.

El miedo nunca logró nada bueno y nunca lo hará. Es un pensamiento negativo que ha arrastrado su forma viscosa a lo largo de los tiempos, buscando devorar todo lo que prometía el bien a la humanidad. Es el mayor enemigo del progreso, el enemigo declarado de la Libertad. El grito "tengo miedo" siempre se ha escuchado, y solo cuando algún hombre o mujer, o varios de ellos, se han atrevido a reírse en su cara, se ha realizado alguna acción audaz, ha causado que el mundo avance un poco más. Deja que alguien avance una nueva idea calculada para beneficiar al mundo, y de inmediato escucharás el grito del miedo, con el acompañante gemido de las crías, el odio y la ira, llenando el aire y despertando y haciendo eco de los alaridos, gruñidos y chiquillos de todo el criadero del miedo que se encuentran cerca. Deja que alguien intente hacer algo de una manera nueva, mejorar algún plan aceptado, enseñar la Verdad de una manera nueva, y el grito aumentará. El miedo es la maldición de la raza.

El individuo que está atado por el miedo es un esclavo, y nunca ha existido un amo más cruel. El individuo se hunde en el barro en proporción a su miedo,. Y lo patético de todo esto, aunque algo gracioso, es que todo el tiempo el individuo tiene el poder suficiente para levantarse y darle un golpe entre los ojos a ese tirano, lo cual hará que retroceda a toda prisa. El individuo es como un joven elefante que aún no ha reconocido su fuerza. Cuando uno se da cuenta de que nada puede hacerle daño, el miedo huye de él. Aquel que reconoce lo que es y cuál es su lugar en el Universo, se separa del miedo para siempre. Y antes de que alcance esta etapa, el miedo pierde su control sobre él mientras avanza paso a paso hacia ese reconocimiento.

Y no solo en este plano se puede derrotar al miedo, sino que incluso en el plano inferior del interés propio y el avance personal se puede eliminar el miedo. Cuando la persona reconoce que el miedo es una especie de linterna de calabaza hecha en casa, en lugar del monstruo nocturno de ojos llameantes que había supuesto que era, se acercará a él y lo tirará del poste de la cerca donde había sido colocado para asustarlo. Él verá que las cosas que suceden nunca son tan malas como las cosas que se temían. Verá que el miedo a una cosa es peor que la cosa misma. Verá que, así como la anticipación de una cosa deseada es más grande que la realización, la anticipación de una cosa temida es peor que su ocurrencia. Y encontrará que la mayoría de las cosas temidas no suceden. Y descubrirá que incluso aun cuando las cosas si suceden, de alguna manera las cosas se arreglan para que podamos soportar la carga mucho mejor de lo que habíamos soñado que sería posible - Dios no solo templa el viento para la oveja esquilada, sino que templa la oveja esquilada al viento.

Y descubre que el miedo mismo a una cosa a menudo lo trae sobre él, mientras que una actitud mental de coraje, hace que la cosa salga volando a menudo en el último momento. Job gritó: "Lo que temo viene sobre mí".

Alguien ha dicho, y yo lo repito a menudo: "No hay nada que temer sino al miedo". Bueno, ahora yo voy más allá y digo que no tiene sentido temer ni siquiera al miedo, porque por terrible que parezca por fuera, está hecho del material más endeble por dentro. Es "un listón pintado para parecerse al hierro". Unos cuantos golpes fuertes lo aplastarán. Es un fraude, un perro amarillo usando piel de león. Párate frente a él y sonríe audazmente en su rostro, míralo a los ojos y sonríe. No te preocupes por su forma espantosa, su horrible máscara, es un debilucho cuando se le compara con el coraje y la confianza. Todos estos pensamientos negativos son débiles en comparación con sus opuestos en el plano positivo. ¿Quieres saber cómo deshacerte del miedo? Entonces escucha. La forma de deshacerse del miedo es ignorar su existencia y llevar ante ti, y siempre contigo, los ideales de coraje y confianza. Confianza en el gran plan del cual tú eres parte. Coraje con tu fuerza como parte del todo. Confianza en el funcionamiento de la Ley. Coraje con tu capacidad para trabajar de acuerdo con la Ley. Confianza en tu destino. Coraje con tu conocimiento de la realidad del Todo y las ilusiones de separación. Coraje y Confianza que surgen del conocimiento de la Ley de Atracción y el poder de la fuerza del Pensamiento. Coraje y confianza en tu conocimiento de que lo Positivo siempre vence a lo Negativo.

Las personas a menudo dicen que los principios del Nuevo Pensamiento están más allá de ellos - que no pueden comprenderlos - que quieren algo que les sea de utilidad en su vida diaria. Bueno, aquí hay algo para esas personas. Esta idea de la abolición del miedo los transformará y les dará una paz mental de la que nunca antes habían sido conscientes. Les dará un dulce sueño después de las horas de trabajo; les dará una mente tranquila durante las horas de trabajo; suavizará sus caminos y evitará la fricción; pronto se utilizará para hacer que las cosas "vengan a su camino". Y mientras hace estas cosas por ellos, los hará mejores personas. Los estará preparando para el reconocimiento de verdades superiores.

Tú, neófito, que estás de pie junto a la puerta de la cámara secreta, anhelando pasar a través de sus portales y de allí al conocimiento, la libertad y el poder, no te atemorices al ver al Morador del Umbral. Él simplemente está "preparado para la ocasión". Sonríe en su cara y míralo fijamente a los ojos y verás qué viejo farsante es. Hazlo a un lado y entra en la sala del conocimiento. Más allá de eso hay otras salas para ti, por las que a su vez pasarás. Deja el Morador para los mortales tímidos que temen que los "duendes los atrapen". El corazón débil nunca ganó nada que valga la pena tener en este mundo. Y "nadie más que los valientes merecen lo justo" o cualquier otra cosa. Así que deja ir tu gemido del "No puedo" o tu lloriqueo "Tengo miedo" y vociferando audazmente "Yo Puedo y lo haré" pasa junto al Morador del Umbral y con tu hombro arrincónalo contra el poste de la puerta y entra en la habitación.

CAPÍTULO 6

MENTE Y CUERPO

Muchas personas tienen la impresión de que la sanación de enfermedades es el objetivo principal y el principio subyacente del Nuevo Pensamiento. Y es probable que la mayoría de las personas que se interesan por este gran movimiento originalmente se hayan sentido atraídas por esta característica particular. Sin embargo, la persona cuya atención ha sido atraída por esta característica, pronto ve las fases más profundas del pensamiento y comienza a investigarlas y, en poco tiempo, la simple sanación de la enfermedad, por importante que sea, se vuelve comparativamente insignificante.

Muchos comienzan tomando el tratamiento de algún practicante de sanación mental (o sanación espiritual, como algunos prefieren llamarlo) y luego pasan a las fases superiores, mientras que algunos se interesan en las verdades superiores y se vuelven más fuertes físicamente, sin ningún tipo de esfuerzo de su parte.

No me propongo entrar en la teoría de la sanación mental, o la influencia de la mente sobre el cuerpo, y no puedo hacer más que tocar el tema de manera general. Hay muchos libros que tratan completamente este tema, y la mayoría de mis lectores conocen por experiencia personal el éxito que ha tenido este método de tratamiento de enfermedades. Cada escuela particular de sanación mental parece tener sus propias teorías favoritas y la forma de dar los tratamientos. Algunos prefieren tratamientos personales, otros prefieren lo que se denomina "tratamientos ausentes", en los que la persona que da el tratamiento puede estar a muchos kilómetros del paciente, y el pensamiento curativo se comunica telepáticamente. Personalmente, creo que todas estas diferentes formas de tratamiento no son más que formas diferentes de poner en funcionamiento la misma fuerza - el maravilloso poder de la mente sobre el cuerpo. Creo que el mejor plan de tratamiento es educar al paciente para que reconozca los maravillosos poderes de su propia mente para curarse a sí mismo, y también creo que no se efectúa una cura permanente ni se previenen enfermedades futuras, hasta que el paciente obtiene un reconocimiento de este hecho. Pero, ya que uno debe gatear antes de poder caminar, así también es necesario que el paciente, debilitado de cuerpo y mente, y desconfiado de sus propios poderes, reciba ayuda en forma de algún tipo de tratamiento del exterior.

Escuchamos muchas declaraciones de las diversas escuelas y cultos, cada una de los cuales parece pensar que su camino es el único camino y que todos los demás métodos son erróneos, o al menos, no del todo reales. Parte de este razonamiento es muy plausible y convincente, hasta que miramos a nuestro alrededor y vemos que todas las escuelas y cultos están obteniendo resultados grandiosos, y una investigación un poco más de cerca mostrará que el porcentaje de curas es aproximadamente el mismo en cada caso, a pesar de las declaraciones de cada escuela o grupo de practicantes en particular. Sé que todos obtienen resultados, pero como ya he dicho, creo que los mejores resultados permanentes los obtienen aquellos practicantes que, mientras dan tratamientos, educan gradualmente a sus pacientes para que se ayuden a sí mismos, se paren sobre sus propios pies y afirmen su poder dado por Dios para manifestar la salud.

Creo que los diversos practicantes de la Ciencia Cristiana, Ciencia Mental, Terapéutica Sugestiva, la Curación por la Fe, Ciencia Divina y todo lo demás, están usando la misma gran fuerza, la única diferencia está en el método de aplicación. Y sé también, por experiencia personal, que es muy posible que una persona se dé cuenta del poder curativo dentro de sí mismo y lo aplique para lograr una restauración completa de la salud y la energía, sin la ayuda de nadie más.

Creo que el poder curativo está latente dentro del individuo y que cuando es tratado y curado por otro, la cura ha sido efectuada por el practicante llamando a la vida y la actividad a ese poder curativo. Este despertar del poder interno puede lograrse mediante cualquiera de los diversos métodos de tratamiento personal o mediante el tratamiento ausente. En el último caso, las ondas de pensamiento positivo del practicante golpean la mente del paciente (en el plano subconsciente) y despiertan la fuerza latente en ella, y entonces resulta la sanación. El efecto de la mente del practicante, ya sea transmitido por sugestión verbal o telepatía, actúa de la misma manera que lo hace la poderosa y repetida autosugestión o afirmación del propio paciente. Ambos alcanzan el plano subconsciente del paciente y restauran la condición normal de esa parte de la mente que se encarga de las funciones físicas. Y la mente, así restaurada a la acción normal, envía los impulsos adecuados sobre el sistema nervioso simpático a las partes afectadas, suministrándoles a esas partes una mayor corriente nerviosa y circulación de sangre, reparando así los tejidos y células desgastados y descompuestos, y haciendo que el órgano funcione correctamente.

En otras palabras, creo que el trabajo real se realiza a través de la mente del paciente, a través del poder curativo puesto en marcha en una o varias formas, y que actúa a través del cerebro, o los cerebros, y el sistema nervioso del paciente. Cada hombre o mujer tiene en su interior - en muchos casos latente y en muchos otros inactivo - un cierto poder recuperativo capaz de restaurar la función perdida y la fuerza a órganos y partes enfermas. Este poder puede ser despertado por el esfuerzo mental del practicante, sus sugestiones, tratamientos, ceremonias, remedios, etc., y también por la fuerza de voluntad o fe dentro del propio paciente. Pero en cada caso, es la misma fuerza que se despierta y el mismo poder que hace el trabajo curativo. Por supuesto, yo reconozco que es posible que una persona transfiera lo que se ha llamado "fuerza vital" de su organismo al de un paciente debilitado, pero esta vitalidad así transferida no está sino en la naturaleza de un "tónico", y simplemente agrega fuerza al paciente para llevarlo hasta que las fuerzas mentales hagan su trabajo. En el caso de un paciente muy debilitado, es imposible que la mente envíe impulsos correctos al cuerpo porque el cerebro se ha debilitado por el desperdicio del poder, y se hace necesario que el paciente se valga de la ayuda proporcionada por la vitalidad altamente desarrollada del practicante, hasta que recupere la fuerza suficiente para realizar el trabajo por sí mismo.

En muchos casos de enfermedad, particularmente en casos de trastornos funcionales, la fuerza recuperadora del paciente es neutralizada por la mente del paciente que está llena de pensamientos de miedo, la cual actúa como causa de enfermedad en muchos casos, y además evita que el paciente pueda usar su propia fuerza recuperadora dada por la Naturaleza para ese propósito. El miedo es un veneno que ha matado a millones, y la preocupación es su hijo mayor, que se esfuerza por alcanzar el récord establecido por su padre.

Siempre he sostenido, a pesar de la oposición de otros escritores, que un gran porcentaje de las curas efectuadas por la sanación del Nuevo Pensamiento se ha logrado, no haciendo algo especial hacia una cura, sino simplemente induciendo al paciente a abstenerse de preocuparse, temer y albergar pensamientos negativos. Cuando el paciente "quita el freno" que ha impuesto a sus propias fuerzas mentales recuperativas, estas fuerzas comienzan inmediatamente a hacer su trabajo y produce la sanación. Se basa en el mismo principio de que no es necesario que uno tome una pala y comience a trabajar para sacar la oscuridad de una habitación; todo lo que se necesita es abrir las ventanas y "dejar entrar un poco de sol". Cuando se abren las ventanas y se permite que entren la esperanza y el coraje, entonces el miedo, la preocupación y el resto de los monstruos de la oscuridad huyen, y los pensamientos radiantes pronto destruyen los microbios que han estado infestando la sala mental.

No hay ningún misterio especial sobre la forma en que se efectúan las curas del Nuevo Pensamiento. Nada milagroso o asombroso, cuando uno aprende algo sobre los procesos de la naturaleza. Cuando se despiertan las fuerzas recuperativas, o cuando se ha levantado el freno del pensamiento incorrecto, la naturaleza procede a enviar una mayor corriente nerviosa a la parte afectada. Este trabajo se realiza a lo largo de líneas subconscientes, sobre los grandes centros nerviosos y el sistema nervioso simpático. Esta corriente nerviosa es como una corriente eléctrica que se envía a las partes desde esa gran dínamo - el cerebro. Esta corriente nerviosa vitaliza el órgano o la parte, y también provoca un aumento de la circulación de la sangre hacia la parte. La naturaleza construye cuerpos por medio de la sangre, la cual, fluyendo a través de las arterias, lleva carne líquida y alimento a cada parte del cuerpo, a cada órgano y parte, construyendo, reparando, reponiendo, restaurando, reemplazando y nutriendo. La sangre en su viaje de regreso al corazón, a través de las venas, lleva consigo el tejido descompuesto, los productos de desecho y otra basura del sistema, lo cual es quemado y destruido por el oxígeno tomado en los pulmones y al cual es expuesta la sangre en su viaje de regreso. Ninguna parte del cuerpo - ningún órgano - puede nutrirse y estimularse adecuadamente a menos que tenga una corriente nerviosa normal y un suministro adecuado de sangre. Y cuando la mente de una persona está llena de pensamientos negativos, preocupantes, atemorizantes, o pensamientos de odio, malicia o celos, le resultará imposible enviar la corriente nerviosa adecuada a las partes de su cuerpo, y como la circulación se ve afectada, comienza a manifestar lo que llamamos Enfermedad. Cuando se restablecen las condiciones normales de la mente, siguen las condiciones normales del cuerpo.

La acción del corazón se ve incrementada por ciertas emociones; las mejillas se sonrojan o palidecen por ciertos pensamientos, la digestión se ve afectada por ciertos pensamientos; etc. Y lo mismo se manifiesta a mayor escala cuando el pensamiento inadecuado se convierte en un hábito. El pensamiento inadecuado da como resultado una vida inadecuada; los dos van de la mano. Muéstrame lo que piensa una persona y te mostraré lo que hace y cómo vive, y cuál es su estado de salud. No tengo espacio para decirte cómo te afecta cada pensamiento en particular, pero puedo decir con seguridad que ese miserable pensamiento de miedo es el padre de toda la camada de pensamientos negativos, y si te deshaces de él, exterminarás toda la camada, ya que no solo engendra, sino que también alimenta a cada uno de sus descendientes. Debes abolirlo de una vez.

CAPÍTULO 7

LA MENTE Y SUS PLANOS

Muchos escritores modernos se han esforzado por explicar la aparente dualidad de la mente del individuo, erigiendo elaborados edificios teóricos sobre la firme base del funcionamiento dual de la mente. Algunos de estos escritores han llevado su razonamiento a extremos absurdos y han intentado explicar todos los problemas de la existencia mediante sus teorías de la dualidad de la mente. Ellos han asumido que, debido a que el individuo tiene una mente capaz de funcionar a lo largo de dos líneas de esfuerzo diferentes, necesariamente debe tener dos mentes. Algunos han diseñado estas dos mentes, respectivamente, la objetiva y la subjetiva. Otros han preferido los términos consciente y subconsciente. Otros han pensado que los términos voluntario e involuntario transmiten mejor la idea. Pero todos han asumido que el individuo tenía dos mentes distintas - algunos incluso las han considerado como entidades separadas. Ellos ignoraron el hecho de que era casi imposible separar las dos mentes; no declararon que las cualidades atribuidas a las dos mentes respectivas, parecían confundirse entre sí. No nos dijeron exactamente dónde terminaba la objetiva y comenzaba la subjetiva. Estas teorías han demostrado ser muy útiles como hipótesis de trabajo, permitiéndonos trabajar hacia cosas mejores, pero como soluciones permanentes de los problemas de la mente, han fracasado en su propósito, y mientras que los principiantes en la Nueva Psicología las han aceptado con entusiasmo como una solución para toda la cuestión, aquellos que han profundizado en el tema han encontrado necesario considerar tales teorías como imperfectas hipótesis de trabajo, en el mejor de los casos.

La idea de que el individuo tiene dos mentes hoy es considerada solamente como una ficción de trabajo por muchos de los más cuidadosos investigadores del tema. Ellos se dan cuenta de que el individuo tiene una sola mente funcionando a lo largo de dos planos de trabajo diferentes. Me esforzaré por expresar lo que considero una explicación razonable del asunto. Por necesidad, simplemente puedo enunciar los principios generales, ya que mi espacio me impide entrar en detalles. Me veo obligado a usar términos familiares para aquellos que están familiarizados con la teoría de las mentes duales, pero se notará que uso estos términos para indicar diversas formas de funcionamiento de la misma mente, y no para indicar que el ser humano tiene dos mentes. Yo prefiero los términos, pensamiento consciente y pensamiento subconsciente, que los otros términos utilizados por varios escritores sobre el tema, ya que considero que estos términos son más claros y una representación más cercana a la verdad. Para el lector que se ha acostumbrado a pensar en la mente subconsciente como la mente superior —de hecho, el Alma— este capítulo le resultará algo confuso y quizás decepcionante. Debo pedirle a ese lector que no juzgue hasta que haya estudiado cuidadosamente este capítulo y el próximo. Será capaz de hacer esto más fácilmente cuando recuerde que la mente subconsciente, la cual algunos escritores han exaltado por sobre su hermano consciente, es también considerada por los mismos escritores como la mente que, en estado hipnótico, recibe todo tipo de sugestiones absurdas por parte de la mente consciente de otro y actúa sobre ellas. Estos mismos escritores hablan de la mente subconsciente como el alma del individuo, y luego en el próximo capítulo nos informan que una persona en quien el subconsciente se desarrolla a expensas del consciente se vuelve loco. Si esto es cierto, cuando el alma de una persona deja atrás a su hermano consciente y pasa al estado de pura subsconsciencia, se convierte en un loco y la vida futura en un manicomio. Estas personas están confundiendo medias verdades con la Verdad.

Más allá de aquello de lo que hablamos como Consciente y Subconsciente, hay algo más elevado que cualquiera de los dos, lo que puede llamarse el Superconsciente. Me ocuparé de ese tema después de haber analizado las funciones consciente y subconsciente de la mente. No confundas los atributos de las facultades

Superconscientes con la manifestación de las funciones subconscientes de la mente.

El ser humano tiene una sola mente, pero tiene muchas facultades mentales, cada facultad es capaz de funcionar a lo largo de dos líneas diferentes de esfuerzo mental. No hay líneas divisorias distintivas que separen las dos diversas funciones de una facultad, sino que se mezclan entre sí al igual que los colores del espectro.

Un pensamiento consciente de cualquier facultad de la mente es el resultado de un impulso directo impartido en el momento del esfuerzo. Un pensamiento subconsciente de cualquier facultad de la mente es el resultado de: un anterior pensamiento consciente del mismo tipo; un pensamiento consciente de otro, en la línea de la sugestión; vibraciones de pensamiento de la mente de otro; impulsos de pensamiento de un antepasado, transmitidos por las leyes de la herencia (incluidos los impulsos transmitidos de generación en generación, desde el momento del impulso vibratorio original impartido por la Causa Primordial, cuyos impulsos se despliegan gradualmente y se descubren cuando es alcanzado el estado apropiado de desarrollo evolutivo).

El pensamiento consciente es recién nacido, recién salido del nido, mientras que el pensamiento subconsciente es de creación menos reciente, de hecho, a menudo es el resultado de impulsos vibratorios impartidos en épocas pasadas. El pensamiento consciente se abre paso, apartando las enredaderas que obstaculizan y pateando las piedras que obstruyen su camino. El pensamiento subconsciente generalmente viaja por el camino trillado.

El impulso-pensamiento originalmente causado por un pensamiento consciente de una facultad, puede convertirse por repetición continua, o hábito, estrictamente automático, el impulso dado por el pensamiento consciente repetido desarrolla un fuerte impulso que lo lleva adelante a lo largo de líneas subconscientes, hasta que es detenido por otro pensamiento consciente o su dirección es cambiada por la misma causa.

Por otro lado, los impulsos-pensamiento que continúan a lo largo de las líneas subconscientes, pueden ser terminados o corregidos por un pensamiento consciente. El pensamiento consciente crea, cambia o destruye. El pensamiento subconsciente lleva a cabo el trabajo que le da el pensamiento consciente, y obedece órdenes y sugestiones.

El pensamiento consciente produce el hábito de pensamiento o hábito de movimiento y le imparte las vibraciones que, a partir de entonces, lo llevan a lo largo de las líneas subconscientes. El pensamiento consciente también tiene el poder de enviar vibraciones que neutralizan el impulso del hábito de pensamiento; también es capaz de lanzar un nuevo hábito de pensamiento o hábito de movimiento con vibraciones más fuertes que superan y absorben el primer pensamiento o movimiento y lo sustituye por el nuevo.

Todos los impulsos de pensamiento, una vez que comienzan en sus mandados, continúan vibrando a lo largo de las líneas subconscientes hasta que son corregidos o terminados por impulsos subsecuentes impartidos por el pensamiento consciente u otro poder controlador. La continuación del impulso original le agrega impulso y fuerza, y dificulta su corrección o terminación. Esto explica lo que se llama "la fuerza del hábito". Creo que esto será fácilmente comprendido por aquellos que han luchado por superar un hábito el cual fue fácilmente adquirido. La Ley se aplica tanto a los buenos hábitos como a los malos. La moraleja es obvia.

Varias de las facultades de la mente a menudo se combinan para producir una sola manifestación. Una tarea a realizar puede requerir el ejercicio combinado de varias facultades, algunas de las cuales pueden manifestarse por el pensamiento consciente y otras por el pensamiento subconsciente.

El encuentro de nuevas condiciones, nuevos problemas, exige el ejercicio del pensamiento consciente, mientras que un problema o tarea familiar puede ser manejado fácilmente por el pensamiento subconsciente, sin la ayuda de su hermano más emprendedor.

En la naturaleza existe una tendencia instintiva de los organismos vivos a realizar determinadas acciones; la tendencia de un cuerpo organizado a buscar aquello que satisfaga las necesidades de su organismo. Esta tendencia a veces se denomina Apetencia. Es realmente un impulso mental subconsciente que se origina con el ímpetu impartido por la Causa Primordial y se transmite a lo largo de las líneas del desarrollo evolutivo, ganando fuerza y poder a medida que avanza, crece y se desarrolla.

El ser humano, el tipo de vida más elevado producido hasta ahora en este planeta, muestra la forma más elevada de mentalidad subconsciente, y también un desarrollo de la mentalidad consciente mucho más elevado que el que se ve en los animales inferiores, sin embargo, los grados de ese poder varían ampliamente entre las diferentes razas de personas. Incluso entre las personas de nuestra raza, los diferentes grados de mentalidad consciente son claramente perceptibles, estos grados no dependen, de ninguna manera, de la cantidad de "cultura", posición social o ventajas educativas que posea el individuo. La cultura mental y el desarrollo mental son dos cosas muy diferentes.

No tienes más que mirar a tu alrededor para ver las diferentes etapas del desarrollo de la mentalidad consciente en el individuo. El razonamiento de muchas personas es poco más que la mentalidad subconsciente, exhibiendo pocas cualidades de pensamiento volitivo. Ellos prefieren dejar que otras personas piensen por ellos. La actividad mental consciente los cansa y encuentran mucho más fácil el proceso mental instintivo, automático y subconsciente. Sus mentes trabajan en la línea de menor resistencia. Son poco más que ovejas humanas.

Entre los animales inferiores y los tipos inferiores de personas, la mentalidad consciente se limita en gran medida a las facultades más toscas, el plano más material, las facultades mentales superiores trabajan según las líneas instintivas y automáticas de la función subconsciente.

A medida que las formas inferiores de vida progresaron en la escala evolutiva desarrollaron nuevas facultades, las cuales estaban latentes dentro de ellas. Estas facultades siempre se manifestaron en forma de pensamiento subconsciente rudimentario y luego se desarrollaron, a través de formas subconscientes superiores, hasta que el pensamiento consciente entró en juego. El proceso evolutivo aún continúa, siendo la tendencia invariable hacia la meta de la actividad mental Consciente altamente desarrollada.

Esta ley de evolución aún está en progreso, y el individuo está comenzando a desarrollar nuevos poderes mentales que, por supuesto, se están manifestando primero a lo largo de las líneas del pensamiento subconsciente. Algunos han desarrollado estas nuevas facultades en un grado considerable, y es posible que dentro de poco el individuo sea capaz de ejercitarlas en la línea de sus funciones conscientes. De hecho, este poder ya ha sido alcanzado por unos pocos. Este es el secreto de los ocultistas orientales y de algunos de sus hermanos occidentales. Tendremos más que decir sobre este tema en los capítulos siguientes.

La susceptibilidad de la mente a la Voluntad puede incrementarse mediante la práctica debidamente dirigida. Aquello a lo que solemos referirnos como el "fortalecimiento de la Voluntad" es en realidad el entrenamiento de la mente para reconocer y obedecer al Poder Interno. La voluntad es lo suficientemente fuerte; no necesita fortalecimiento, pero la mente necesita ser entrenada para recibir y actuar sobre las sugerencias de la

LA MENTE Y SUS PLANOS

Voluntad. La Voluntad es la manifestación externa del Yo Soy. La corriente de la Voluntad fluye con toda su fuerza a lo largo de los cables espirituales, pero debes aprender a levantar el poste del carro para tocarla, antes de que se mueva el carro mental. Ésta es una idea algo diferente de la que acostumbras a recibir de los escritores sobre el tema de la fuerza de voluntad, pero es correcta, como demostrarás a tu propia satisfacción si sigues el tema por experimentos a lo largo de las líneas adecuadas.

La atracción del Absoluto está impulsando a las personas hacia arriba, y la fuerza vibratoria del Impulso Primordial aún no se ha agotado. Ha llegado el momento del desarrollo evolutivo cuando el individuo puede ayudarse a sí mismo. Aquel que comprende la Ley puede realizar maravillas mediante el desarrollo de los poderes de la mente, mientras que el que da la espalda a la verdad sufrirá por su falta de conocimiento de la Ley.

El individuo que comprende las leyes de su ser mental desarrolla sus poderes latentes y los utiliza inteligentemente. Él no desprecia sus expresiones mentales subconscientes, sino que también hace un buen uso de ellas, les encarga las tareas para las que están mejor capacitadas y es capaz de obtener maravillosos resultados de su trabajo, habiéndolas dominado y entrenado para cumplir las órdenes del Ser Superior. Cuando fallan en hacer su trabajo correctamente, él las regula y su conocimiento le impide entrometerse con ellas tontamente y así hacerse daño a sí mismo. Él desarrolla las facultades y los poderes latentes dentro suyo, y aprende cómo manifestarlos a lo largo de la línea de la mentalidad consciente y subconsciente. Él sabe que el ser real dentro de él es el maestro para quien, tanto la mentalidad consciente como la subconsciente, no son más que herramientas. Él ha desterrado el miedo y disfruta de la libertad. Él se ha encontrado a sí mismo. Él ha aprendido el secreto del Yo Soy.

CAPÍTULO 8

EL PLANO SUBCONSCIENTE

Estamos tan acostumbrados a pensar que la mente trabaja en líneas conscientes que nos sorprende mucho cuando nuestra atención es dirigida hacia el hecho de que la mayor parte del trabajo mental que estamos realizando se manifiesta en líneas subconscientes. Somos conscientes de muchos de nuestros pensamientos y muchas de nuestras acciones, pero somos casi o totalmente inconscientes de miles de pensamientos y acciones que se expresan cada hora.

Cuando tomamos alimento en forma de comida, lo hacemos conscientemente, pero el proceso de digestión y asimilación se realiza inconscientemente, aunque el impulso que lo provoca proviene de la mente tal como si el acto se realizara conscientemente. La comida se convierte en sangre, la sangre es transportada a todas las partes del cuerpo, y los diversos órganos y partes del cuerpo son asistidos - todo inconscientemente. El corazón late, el estómago digiere, el hígado y los riñones realizan sus funciones - todo inconscientemente. Pero el trabajo es realizado con precisión, cuidadosamente y de manera adecuada, bajo la dirección de la mente que trabaja en el plano subconsciente. Estas cosas no se ejecutan solas. La mente las controla con tanta seguridad como si el trabajo se hiciera en el plano consciente.

Y así con muchos actos que al principio realizamos solo con el mayor cuidado y esfuerzo, pero que después pudimos realizar casi automáticamente. La mujer que opera su máquina de coser, el pintor que usa su pincel, el trabajador que usa sus herramientas, el operador que maneja su máquina, todos encontraron que al principio su trabajo requería todo su cuidado y atención, pero ahora, una vez que han sido dominados los detalles del trabajo, parece ejecutarse casi automáticamente, involuntariamente, casi por sí solo. Muchas veces hemos estado como ausentes y nos hemos olvidado de los pasos que estábamos dando, y de repente, cuando despertamos de nuestro sueño despierto, nos encontramos en la puerta de nuestra casa, habiendo seguido inconscientemente el camino acostumbrado. He visto a personas en el llamado "estado de mente ausente" cruzando calles abarrotadas, pasando ante grupos y coches con el mayor cuidado e inteligencia, pero que estaban totalmente inconscientes de lo que estaban haciendo, y que parecían sorprendidos cuando se les decía de los riesgos que habían corrido. Trabajadores calificados me han dicho que ninguna persona comprende completamente su trabajo hasta que pueda hacerlo casi automáticamente. Una persona que realiza la misma tarea todos los días adquiere la "habilidad" de hacerlo, sin apenas un rastro de esfuerzo consciente o atención consciente. Sin embargo, a nadie se le ocurriría afirmar que sus dedos o manos, por sí solas, poseían la inteligencia suficiente para hacer el trabajo sin la dirección del cerebro. El impulso inconsciente proviene del cerebro trabajando en el plano de esfuerzo subconsciente, y el trabajo es dirigido tan inteligentemente como si toda la conciencia estuviera enfocada en ello. Por supuesto, esto solo puede hacerse después de que la mente haya adquirido el hábito de realizar esa tarea en particular. Deja que algo salga mal con la máquina e inmediatamente la mente se desliza de regreso al plano consciente y emprende la corrección del problema.

El plano subconsciente de la mente es prácticamente el plano del hábito. Como he dicho en el capítulo anterior, el plano subconsciente de la mente solo puede manifestar:

(1) algo que ha aprendido previamente del plano consciente;

(2) algo que le ha sido impartido por sugestión de otra mente;

(3) algo que le ha sido comunicado desde otra mente, por medio de ondas de pensamiento, etc.;

(4) algo que se ha comunicado a lo largo de las líneas de la herencia, incluidos los impulsos transmitidos de generación en generación, desde el momento del impulso vibratorio original impartido por la Causa Primordial, cuyos impulsos se despliegan y desarrollan

gradualmente, cuando el estado apropiado de desarrollo evolutivo es alcanzado.

El hábito de pensamiento o movimiento más común puede ser a lo largo de líneas subconscientes, y lo mismo ocurre con algunas de las manifestaciones de las facultades superconscientes recién despiertas (de las que hablaremos más adelante). El plano subconsciente es una curiosa mezcla de alto y bajo; sabiduría y necedad; superstición y la más elevada filosofía. Es un almacén de todo tipo de mobiliario mental, herramientas, juguetes y demás. En este plano se puede encontrar un curioso conglomerado de sabiduría y necedad, transmitidas desde nuestra conciencia, heredadas de nuestros antepasados y adquiridas de aquellos con quienes entramos en contacto. A esta colección se le está agregando continuamente.

Y esto no es todo. De vez en cuando se despierta alguna facultad superconsciente, quizás solo temporalmente, y no habiendo crecido lo suficiente como para ser tomada por la conciencia, debe manifestarse a lo largo de líneas subconscientes. Esto ha causado que algunos escritores hablen del plano subconsciente de la mente como el Alma, la "mente superior", etc. Al ver el genio y la inspiración manifestadas a lo largo de líneas subconscientes, han imaginado que había una mente separada que poseía todas las facultades superiores de la mente, y la cual ellos llamaron la "mente subjetiva", la "mente subconsciente", etc. Estaban tan entusiasmados con las manifestaciones superiores que pasaron completamente por alto las cosas tontas, insignificantes y sin sentido que se encuentran allí, olvidaron por completo que su así llamada "mente superior" estaba constantemente sujeta a la sugestión y autosugestión de la mente consciente de su dueño o de alguna otra persona. Ellos no parecían considerar que en el plano subconsciente se manifestaban las facultades inferiores de la mente, así como las superiores.

Por lo tanto, el plano subconsciente de la mente es en gran medida lo que ha sido creado por el pensamiento consciente pasado. Un conocido escritor, Henry Wood, de Boston, lo ha comparado con "un depósito o cisterna en el que fluye una pequeña corriente de pensamiento consciente". Siendo este el caso, se verá que se debe tener el máximo cuidado de mantener la corriente pura y limpia. Si la mente de uno se ha contaminado al permitir que en el pasado una corriente de pensamientos negativos se haya vertido en ella, el remedio se encuentra en cambiar la calidad de la corriente que se vierte, de tal manera que pueda ser tan clara como el cristal, y el cuerpo de agua en la cisterna pueda volverse cada vez más claro, hasta que sea tan puro y claro como la corriente misma. Y cuanto mayor sea la cantidad de pensamiento claro que vertamos, más pronto se librará la cisterna de su suciedad.

Aquí es donde la autosugestión desempeña un papel muy destacado en la construcción del carácter y en el desarrollo del individuo. Las autosugestiones forman una corriente fuerte y constante que fluye y aclara las turbias aguas de la mente. Ya sea que los llamemos autosugestiones, afirmaciones, enunciados o

71

declaraciones, no importa. Todos son lo mismo, con diferentes nombres.

Ha habido una disputa entre los estudiosos del tema respecto a si el conocimiento de la persona llega primero a través del plano subconsciente y luego alcanza el consciente, o si adquiere conocimiento a través del plano consciente y luego lo pasa al subconsciente. Ambas partes han presentado muchos buenos argumentos. Personalmente, me parece que ambas partes tienen razón. Muchas cosas que un individuo sabe llegaron a él mediante el uso de sus funciones conscientes de la mente y luego pasaron al plano subconsciente o de hábitos. Otras cosas le llegaron debido al desarrollo de las facultades superconscientes, manifestándose primero a lo largo de líneas subconscientes y luego pasando al campo de la conciencia. Luego, después de haber sido bien dominado, el conocimiento se devolvió al plano del hábito o subconsciencia. El individuo a menudo "siente" que una cosa es así, antes de "ver" que es verdad; luego, después de "verlo" y aceptarlo intelectualmente, lo devuelve al plano del "sentimiento", estampado con el sello de aprobación del plano de la mentalidad que "ve". Creo que esto quedará más claro después de haber leído el capítulo sobre las facultades superconscientes.

A medida que la persona avanza en el plano consciente, su reserva de conocimiento subconsciente se convierte en gran medida en el resultado de su propia actividad mental consciente y menos en el resultado de los pensamientos y sugestiones de los demás. Una persona de capacidad de razonamiento limitada – alguien que usa muy poco sus poderes de pensamiento consciente – tiene una reserva subconsciente compuesta casi en su totalidad por impresiones que ha obtenido de otros. Las sugestiones y los impulsos de pensamiento de otros constituyen casi todo su conjunto de conocimientos. Él ha pensado muy poco por sí mismo; de hecho, apenas sabe cómo pensar por sí solo y depende casi por completo de otros para sus conceptos mentales. A medida que la persona avanza en sus poderes de razonamiento, piensa las cosas por sí mismo y transmite el resultado de ese pensamiento al gran almacén subconsciente. Y esa persona se da cuenta de lo que es - siente y reconoce la existencia del Ser Real - y comienza a crear en el plano del pensamiento. Ya no es un simple autómata, ha comenzado a actuar por sí mismo. Y a medida que progresa, este poder crece. Él hace uso del plano de pensamiento subconsciente, pero llena el almacén con impresiones y conclusiones nuevas, frescas, y gradualmente, pero certeramente, erradica las antiguas impresiones erróneas y negativas que antes llenaban su subconsciencia. Un pensamiento fuerte, vigoroso y positivo, enviado recientemente desde el plano consciente, neutralizará una docena de pensamientos negativos que se han alojado en su subconsciencia y que han estado haciendo mucho para arrastrar al individuo hacia abajo y retenerlo.

Si no tenemos pensamientos por nosotros mismos, los pensamientos y sugestiones de otra persona llenarán nuestro almacén subconsciente y seremos una criatura de sus pensamientos, en lugar de tener una reserva de pensamientos originales hechos por nosotros mismos. Muchos de nosotros hemos aceptado, plácidamente y sin dudarlo, los pensamientos del mundo sobre el miedo, la superstición, la preocupación, la enfermedad, la pobreza, la escasez, la condenación, la intolerancia, etc., y nuestro almacén mental se ha llenado de esa basura. Cuando rompemos nuestras cadenas y nos deshacemos de nuestras ataduras y somos libres, entonces nos atrevemos a pensar por nosotros mismos y pronto comenzamos a abastecer nuestra subconsciencia con pensamientos nuevos, frescos y brillantes, y los antiguos pensamientos negativos son desplazados o neutralizados por los pensamientos positivos que ahora estamos vertiendo.

Nuevos campos de conciencia se abren ante el individuo y éste progresa rápidamente en conocimiento. Él está recurriendo a las facultades superconscientes para el conocimiento, y después de llevar los resultados al campo de la conciencia, los pasa mentalmente digeridos al plano subconsciente, para ser usados sin esfuerzo cuando sea necesario. Todo lo que está en nuestra subconsciencia está teniendo una continua influencia en nuestras vidas, nuestras acciones, nuestra salud, nuestro carácter. Para una persona cuya subconsciencia ha estado llena de pensamientos de enfermedad, enfermarse es la cosa más fácil del mundo. Por supuesto, todo el trabajo de producir la enfermedad está en el plano subconsciente, y el trabajo es realizado calmadamente y en silencio, pero con toda seguridad, todo sin su conocimiento consciente. De repente se encuentra enfermo, sin saber cómo sucedió. Cuando cambia de frente y comienza a enviar constantemente pensamientos saludables a la subconsciencia, descubre que ya no está preocupado por las antiguas quejas que antes hacían de la vida una carga para él. La subconsciencia ya no tiene los antiguos materiales con los que trabajar, en consecuencia, comienza a trabajar utilizando los nuevos materiales y, en lugar de producir enfermedad, construye un cuerpo fuerte y saludable.

Si llevas en tu mente la idea de que la Subconsciencia es un gran almacén, lleno de pensamientos que has transmitido desde el plano Consciente, y cuyos pensamientos se manifiestan constantemente en acción, tendrás cuidado de no permitir que se almacene nada más que el mejor material de pensamiento. Rechazarás la admisión a los pensamientos negativos que surjan en tu propia mente y rechazarás la admisión a las sugestiones adversas de los demás.

¿Qué pensarías de una persona que estuviera almacenando provisiones para el invierno y que llenara sus sótanos con alimentos venenosos, cosas que producen enfermedades, artículos mortíferos? Pensarías que estaba peor que loco, ¿no es así? Sin embargo, eso es precisamente lo que muchos han estado haciendo. Han estado llenando este almacén de la mente con las cosas más viles. Venenos, cosas mortales, objetos sucios, todo lo cual tarde o temprano le perjudicará. Fuera con ellos. Échalos fuera. Llena sus lugares con los pensamientos fuertes y saludables que vienen a tu mente cuando te familiarizas con el Nuevo Pensamiento.

LA LEY DEL NUEVO PENSAMIENTO

Recuerda que los pensamientos toman forma en acción. Siendo esto cierto, ¿qué tipo de pensamientos deseas que tomen forma en acción dentro de ti y a través de ti? Hazte esta pregunta y actúa en consecuencia. Cuando te encuentres pensando a lo largo de una determinada línea, pregúntate: "¿Deseo que este pensamiento tome forma en acción?" Si la respuesta es "Sí" admite el pensamiento. Si la respuesta es "No" deja de pensar en esa línea de inmediato y comienza a trabajar pensando en cosas exactamente opuestas a la objetable línea de pensamiento. Recuerda, un pensamiento positivo siempre neutralizará un pensamiento negativo. Por pensamiento positivo me refiero a un pensamiento de coraje, esperanza, valor, determinación, un pensamiento de "Yo Puedo y lo Haré". Por un pensamiento negativo me refiero a un pensamiento de miedo, preocupación, odio, malicia, enfermedad, "no puedo", "tengo miedo".

Es cierto que "como un hombre piensa en su corazón, así es él", por la razón de que una persona es en gran parte el resultado de su reserva de pensamientos subconscientes, y esa reserva subconsciente depende en gran medida en lo que el pensamiento consciente ha hecho. Tú estás depositando tus suministros de pensamientos y estos pensamientos, tarde o temprano, tomarán forma en acción. Ten cuidado en tu elección. Lo mejor no es demasiado bueno para ti, y es tan barato como el grado inferior. Usa un poco de sentido común y selecciona un buen suministro de lo mejor del mercado.

CAPÍTULO 9

LAS FACULTADES SUPERCONSCIENTES

En la mente del individuo hay muchas facultades que están fuera del reino de la conciencia. Parecen ser facultades que han permanecido latentes y que, de vez en cuando, se despliegan en el reino de la conciencia. De algunas de estas facultades no tenemos ningún conocimiento real en la actualidad; otras han sido reconocidas por algunos individuos avanzados en todas las edades, y de esta clase, muchos de nosotros estamos captando destellos ocasionales, pero todavía no vemos con claridad, y no lo veremos hasta que el proceso de desarrollo haya progresado más. Otras facultades superconscientes, las cuales alguna vez estuvieron ocultas al hombre, se han desarrollado y nos estamos volviendo cada vez más conscientes de su existencia.

Muchos escritores han tratado estas facultades como parte de lo que ellos llamaron la "Mente Subjetiva" o la "Mente Subconsciente", etc., pero una pequeña reflexión mostrará que la mentalidad subconsciente solo contiene lo que se ha colocado allí por el plano consciente de la mente; las sugestiones de otros, ya sea verbal o por transferencia de pensamiento, herencia, etc., o por el reflejo de estas facultades superconscientes antes de que se hayan desplegado en el plano consciente. La mentalidad subconsciente contiene solo lo que se ha colocado allí, mientras que las facultades superconscientes contienen lo que la persona nunca ha conocido antes, ya sea conscientemente o subconscientemente.

Así como el campo subconsciente de la actividad mental está por debajo de la conciencia, estas facultades superconscientes están por encima de la conciencia. Y como lo que está en el plano consciente hoy pasará al subconsciente mañana, así también mucho de lo que ahora está encerrado en las facultades superconscientes latentes se desplegará en la conciencia en un período posterior. Mucho de lo que ahora es parte de nuestra vida cotidiana, en una etapa anterior de la evolución del hombre, fue una parte de su superconciencia y luego se desplegó en su conciencia actual, entonces, fue digerido y asimilado mentalmente y pasado al plano subconsciente.

Una persona por medio de la concentración, la meditación y otros medios de desarrollo espiritual, a veces, puede despertar de tal manera algunas de las facultades superconscientes latentes que recibirá distintas impresiones y conocimientos de ellas, y podrá usarlos. Muchos de los llamados místicos y ocultistas tanto en Oriente como en Occidente han podido lograr esto, pero la mayoría de nosotros tenemos que contentarnos con los destellos ocasionales o los débiles reflejos de la luz que proviene de las facultades en desarrollo.

Algunas de estas facultades no se desplegarán hasta que la persona haya alcanzado un plano de desarrollo espiritual mucho más elevado de lo que ahora es posible; otros se están empezando a desplegar y solamente los más avanzados tienen conocimiento de ellas, mientras que otros ya están muy avanzados en el despliegue y cada año un mayor número de personas se están haciendo conscientes de este despertar interior.

Una persona que desciende a las profundidades de su subconciencia solo encuentra lo que se ha almacenado allí. Esto por sí solo es suficiente para darle a una persona un maravilloso conocimiento del pasado - del proceso de evolución - de mucha información diversa que está almacenada allí, de cosas olvidadas hace mucho tiempo por la mente consciente, algunos dicen que allí incluso se puede obtener un recuerdo de vidas pasadas por quienes sepan cómo buscarlo. Pero todo lo que se puede obtener de la subconsciencia es lo que se ha almacenado allí. Por el contrario, aquellos que han podido captar un destello de lo que contienen las facultades superconscientes, saben que el conocimiento así obtenido está por encima de la experiencia del ser humano. Es una vista a un mundo desconocido - una iluminación. La persona que ha vislumbrado el conocimiento contenido en algunas de las facultades superconscientes es un individuo cambiado (la vida ya no es la misma para él) donde antes creía, ahora sabe.

En el mejor de los casos, el pequeño campo de conciencia conocido por la persona promedio, incluso si se le agregara todo el campo del subconsciente, es aún pequeño e insignificante. La mayoría de las cosas que son más importantes están fuera de su alcance, y su único conocimiento de ellas le llega como un reflejo del campo de la superconciencia. Por supuesto, la conciencia ha crecido - está creciendo - debido al desarrollo de las facultades superconscientes, pero el individuo simplemente ha tocado el borde exterior de la superconciencia.

Mediante el ejercicio de sus facultades conscientes, el individuo no puede decir si hay un Dios, el hecho no puede ser captado por la mentalidad consciente, sin embargo, el leve destello de la superconciencia le hace sentir que hay un Dios, y a medida que avanza, él conocerá lo que ahora siente. Así ocurre con la cuestión de la inmortalidad del alma. La conciencia no puede probarlo, sin embargo, la superconciencia nos hace sentir la verdad de lo que no podemos probar o ver. De todas formas, estas dos cuestiones superan en importancia a cualquier otra que se nos plantee hoy. Todos nuestros principios éticos - toda nuestra moralidad - todos nuestros planes de vida, se basan en estos dos hechos, los cuales no conocemos por razón de nuestra conciencia, pero que sentimos que son así debido al desarrollo gradual de la superconsciencia. A medida que avanza este desarrollo, nuestras ideas de Dios se vuelven menos burdas - menos infantiles. Lo vemos como una Presencia mucho más grande de lo que jamás soñaron nuestros antepasados, quienes no podían ver en Él sino a un hombre magnificado, con todos los defectos, debilidades y limitaciones del hombre. Y la persona del futuro tendrá un concepto tan superior al nuestro, como el nuestro es superior al del salvaje. Y a medida que avanza este desarrollo, nuestra certeza de la inmortalidad se vuelve más fuerte. Se vuelve más una cuestión de conocimiento que de creencia. En algunos de nosotros, el despliegue se ha acercado al campo de la conciencia, y algunos han despertado a un estado de conciencia de inmortalidad.

Basta con detenerse a pensar un momento y considerar de dónde vienen nuestros sentimientos de Justicia, Misericordia, Amor, Simpatía, Bondad. De seguro, no de la antigua conciencia. El intelecto no nos dice estas cosas. ¿Por qué la persona debería mostrar amor o camaradería o simpatía por otra, si solo el intelecto decide la cuestión? ¿Por qué no debería todo individuo cuidarse a sí mismo y dejar que su prójimo sufra y muera de hambre? ¿Por qué no pisotea a su prójimo en el fango y toma sus pertenencias? ¿Hay algo en el frío intelecto que te diga que hagas lo contrario? No hay nada - nada. Entonces, ¿por qué no haces estas cosas? Te diré por qué. Porque tú no puedes. Porque desde lo más recóndito de tu Alma surge una protesta. Tú no te detienes a razonar sobre el asunto - tú escuchas la voz desde adentro - miras la luz que proviene de la superconciencia que se despliega. Pero tú dices que todas las personas siempre han tenido estos sentimientos y que no ves qué tiene que ver el despliegue de la superconciencia con el asunto. ¡Detente un momento! ¿El ser humano siempre sintió así? ¿La simpatía humana fue siempre tan marcada como hoy? ¿Las personas siempre fueron tan amplias en su amor como hoy? ¡No! Es un desarrollo gradual, una apertura constante. Hoy en día somos un poco más que los bárbaros en algunas cosas, pero vamos creciendo a medida que avanza el desarrollo, y uno de estos días nos será imposible hacer lo que hoy nos parece perfectamente natural. No en muchos años, las personas mirarán hacia atrás con asombro a nuestro historial de guerras, derramamiento de sangre, matanzas, exterminio y todo lo demás, y se preguntarán cómo un pueblo de nuestro desarrollo intelectual pudo permitir que se hicieran estas cosas. Ellos verán nuestros actos como nosotros vemos los crímenes de la arena de la antigua Roma. Y nuestra inhumanidad económica y social hacia nuestros hermanos les parecerá horrible a los hombres y mujeres de ese día. Les parecerá increíble, ya que habrán alcanzado una etapa de desarrollo espiritual que les hará simplemente imposible hacer las cosas que hoy nos parecen perfectamente naturales e inevitables. Para ellos, la Hermandad de las Personas no será un sueño ocioso, sino una verdad cotidiana viviente, operando en sus vidas. No pueden evitar esto, vendrá con el desarrollo.

De esta región del superconsciente proviene aquello que no es contrario a la razón, pero que está más allá de la razón. Esta es la fuente de la luz - la iluminación - la inspiración. Ésta es la región de la que el poeta obtiene su inspiración, el escritor su don, el vidente su visión, el profeta su conocimiento. Muchos han recibido mensajes de este tipo desde lo más recóndito de la superconciencia y han pensado que oían las voces de Dios, de los ángeles, de los espíritus, pero la voz venía desde adentro. En esta región se encuentran las fuentes de la intuición. Algunas de estas facultades superconscientes son más elevadas que otras, pero cada una tiene su papel que desempeñar. Muchos de los poderes psíquicos superiores se encuentran latentes dentro de la región del superconsciente. Algunos de nosotros somos capaces de usar estos dones en mayor o menor grado, pero para todos, excepto para unos pocos, este uso es siempre más o menos en el plano inconsciente - nos resulta difícil manifestar poderes psíquicos a la orden. Pero con la práctica y con el crecimiento, estos dones se introducen en el reino de la conciencia y podemos usarlos tal como usaríamos cualquier otra facultad de la mente o el cuerpo. Cuando el individuo haya alcanzado este poder, habrá dominado fuerzas maravillosas y tendrá a su disposición instrumentos y herramientas con los que pocos sueñan en este momento. Es una sabia disposición de la Ley que el individuo no adquiera el uso de estos poderes hasta que esté preparado para ellos. Cuando está listo para ellos, vienen, y entonces él sabe lo suficiente como para no usarlos incorrectamente. A medida que se despliegan las facultades psíquicas superiores, también se despliegan las facultades espirituales, lo que hace imposible que el poseedor utilice incorrectamente sus nuevas fuerzas encontradas. Aquel que aspira a altos poderes psíquicos debe venir con manos limpias y corazón limpio. En verdad, el simple hecho de que busque el poder solo por poder, demuestra que no es el poseedor adecuado de estos dones. Solo cuando no le importa el poder, el poder llega. Extraña paradoja - maravillosa sabiduría.

Este campo de superconciencia es fuente de la más alta felicidad para la persona que reconoce su existencia y que se abrirá al conocimiento que proviene de ello, aunque la facultad no esté plenamente desarrollada. (Comprendes que el desarrollo completo de tal facultad la lleva de lleno al campo de la conciencia, y ya no es una facultad superconsciente, sino que pertenece a nuestra mentalidad consciente). Muchas personas han recibido inspiración desde adentro y se les ha dado un mensaje que asombró al mundo. Muchos poetas, pintores, escritores, escultores han actuado sobre la inspiración recibida de su superconciencia. Y notarás que ciertos poemas, ciertos escritos, ciertos cuadros, ciertas estatuas, tienen un algo indefinible que nos atrae y nos hace sentir su fuerza, la cual está ausente de las producciones del simple esfuerzo mental. Algunos de nosotros tenemos la costumbre de decir que tales producciones tienen "alma" en ellas, y estamos mucho más cerca de la verdad de lo que nos damos cuenta cuando decimos esto. Algunos escritores satisfacen el intelecto, pero no logran que el lector sienta, mientras que otro escritor escribirá algunos versos o una historia corta y ¡he aquí! el mundo está encantado con el mensaje. Esto también es cierto para el orador o el conferencista, que emociona a la audiencia con unas pocas palabras simples que vienen directamente de su ser interior, mientras que un orador mucho más refinado atrae simplemente un interés intelectual.

Nuestras facultades superconscientes son nuestro único medio de comunicación con el Centro de Vida, con los Poderes Superiores. A través de ellos llegan los mensajes al Alma. Hay momentos en que, a través de estas facultades, nuestra visión penetra más allá de los límites de la personalidad, y nuestras almas se mezclan y comulgan con lo Divino. A través de los canales del superconsciente nos familiarizamos con el Yo Real; a través de ellos nos hacemos conscientes del Yo Soy. A través de las mismas fuentes, nos hacemos conscientes de la Unidad de las cosas, de nuestra relación con el Todo. A través de ellos nos aseguramos de la existencia y presencia de Dios, de la inmortalidad del Alma. Las únicas respuestas a las preguntas vitales de la vida y la existencia se reciben a través de estos canales.

En lo más recóndito de la superconciencia se encuentra el lugar de descanso del Alma - el lugar santísimo. Aquí habita la Chispa Divina, que es nuestra más preciada herencia de Dios, a lo que nos referimos cuando decimos "El Espíritu". Es el alma del Alma - el centro del Ser Real. Las palabras no pueden transmitir una idea del significado real del Espíritu; para entenderlo, sería necesario entender a Dios, porque es una gota del Océano Espiritual, un grano de arena de las orillas del Infinito, una partícula de la Llama Sagrada. Es esa parte de nosotros, hacia cuyo pleno reconocimiento y conciencia tiende todo este proceso de evolución, crecimiento, desarrollo y despliegue. Cuando aprendamos a reconocer la existencia y la realidad del Espíritu, este responderá enviándonos destellos de luz - iluminación. A medida que uno crece en el desarrollo espiritual, se acostumbra a esta voz interior y aprende a distinguirla de los mensajes de los diferentes planos de la mente; aprende a seguir sus indicaciones y le permite trabajar a través de uno para siempre.

Algunas personas han desarrollado tanto entendimiento espiritual que viven la vida del Espíritu, son guiados por el Espíritu. El Espíritu nos está influenciando a todos, mucho más de lo que somos conscientes, y podemos llevarnos a un reconocimiento consciente de su dirección si confiamos en él y miramos hacia él en busca de luz. No puedo intentar profundizar más en este tema, ya que es algo para lo cual no se encuentran palabras para describirlo. Aquellos que han despertado a la conciencia de ello, comprenderán lo que quiero decir, y aquellos que todavía no han sido conscientes de ello simplemente me malinterpretarían si intentara expresar un sentimiento interno tan tremendo, ajeno a su experiencia.

El Espíritu es aquello dentro del individuo que más se acerca al Centro - es lo más cercano a Dios. Y cuando uno se pone en estrecho contacto consciente con él, siente su cercanía a la Presencia Universal, siente el toque de la Mano Invisible.

Muchos de quienes leen estas palabras han tenido momentos en sus vidas en los que por un instante fueron conscientes de estar en la tremenda presencia de lo Desconocido. Estos momentos pueden haber llegado mientras estabas inmerso en el pensamiento religioso; mientras leías un poema que llevaba un mensaje de un alma a otra; cuando estabas en el océano e impresionado con un sentido de la grandeza del Universo; en alguna hora de aflicción cuando las palabras humanas parecían una burla; en un momento en el que todo parecía perdido y te viste obligado a buscar consuelo en un poder superior a ti mismo. Pero no importa cómo o cuándo te hayan llegado estas experiencias, no hay duda de su realidad, no hay duda de la permanente sensación de paz, fuerza y amor de la que fuiste consciente. En esos momentos fuiste consciente del Espíritu dentro de ti y de su estrecha relación con el Centro. Por medio del Espíritu, Dios se da a conocer al individuo.

CAPÍTULO 10

LA PREGUNTA DEL ALMA

"¿Qué soy yo? ¿De dónde vengo? ¿Adónde voy? ¿Cuál es el objetivo de mi existencia?"

Estas preguntas han sido hechas por las personas en todas las edades, en todos los países, en todos los tiempos. Y si los innumerables mundos que rodean a los millones de soles en el Universo están habitados - y yo creo que lo están - estas preguntas se han hecho allí y tal vez hayan sido respondidas por algunos de los habitantes de mundos en los que la Vida se manifiesta en formas más elevadas que las que nosotros hemos alcanzado aquí. Todas las personas se han hecho esta pregunta, es decir, todas las personas que han alcanzado la etapa en la que sus mentes reconocen que existe un problema, ya que muchas personas parecen no darse cuenta de la existencia de un problema sin respuesta - su visión mental no es lo suficientemente clara para reconocer que hay algo que necesita una respuesta. Para la mayoría de nosotros, la pregunta sigue sin respuesta, el más mínimo detalle de la pregunta sigue sin resolverse. Hemos exclamado en voz alta en agonía mental, hemos gritado al Infinito una demanda de que nos diga algo de nosotros mismos, pero nada nos regresa excepto el eco desesperado de nuestro propio grito. Como lo ha expresado tan conmovedoramente el poeta:

Porque ¿qué soy?
Un infante llorando en la noche;
Un infante llorando por la luz;
Y sin lenguaje más que un llanto.

Somos como la ardilla en la jaula, que se agota de recorrer el largo camino de la rueda, solo para encontrarse al final de su viaje, justo donde comenzó. O peor aún, como el pájaro salvaje recién enjaulado, nos lanzamos contra los barrotes de nuestra prisión mental, una y otra vez, en nuestros esfuerzos por obtener la libertad, hasta que por fin yacemos débiles y sangrando, todavía cautivos.

Hemos tratado de escalar la montaña del Conocimiento impulsados por el pensamiento del lugar de feliz descanso en la cumbre. Hemos subido fatigosamente por las laderas empinadas y pedregosas y, finalmente, con las manos ensangrentadas y los pies cansados, con el cuerpo y la mente agotados por nuestros esfuerzos, llegamos a la cima y nos felicitamos por haber terminado nuestra tarea. Pero cuando miramos a nuestro alrededor, ¡he aquí! nuestra montaña no es más que el pie de una colina; muy por encima de nosotros, elevándose cada vez más alto, una cadena tras otra de las montañas reales, los picos más altos se esconden entre las nubes.

Hemos sentido esa hambre de conocimiento espiritual que trasciende el hambre de pan. Hemos buscado de esta manera y de aquella el Pan de Vida, y no lo encontramos. Hemos pedido a esta autoridad y a aquella, el pan que nutriría el alma, pero no se nos dio más que la piedra del dogma y los credos. Por fin, nos hundimos exhaustos y sentimos que no había pan para comer, que todo era una ilusión y una voluntad de la brizna de la mente - que no tenía realidad. Y lloramos. Pero olvidamos que, así como el hambre del cuerpo implica que en algún lugar del mundo se encuentra lo que la satisfará, así el hambre de la mente implica que en algún lugar se encuentra el alimento mental, el simple hecho que exista esta hambre del Alma es un indicio seguro de que en algún lugar existe aquello que el Absoluto ha querido satisfacer. El deseo es la prueba de la posibilidad del cumplimiento. El problema es que hemos estado buscando afuera lo que solo podemos encontrar adentro. "El Reino de los Cielos está dentro de ti".

Si prefieres intentar resolver el Problema de la Vida - el Enigma del Universo - mediante la investigación científica, el razonamiento exacto, el pensamiento formal, la demostración matemática, sigue por todos los medios este método. Te enseñará la lección del poder y las limitaciones del intelecto humano. Viajarás una y otra vez por el círculo del pensamiento, y encontrarás que estás cubriendo el mismo suelo una y otra vez. Descubrirás que te has topado con el callejón sin salida del intelecto, el callejón sin salida de la lógica.

Después de que hayas batido tus alas contra la jaula de lo Incognoscible, y caigas magullado y exhausto, después de haber hecho todo lo que tu intelecto es capaz, y habiendo aprendido la lección, entonces escucha la Voz Interior, mira la pequeña llama que arde constantemente y no se puede extinguir, siente la presión de ese Algo Interior y deja que se despliegue. Entonces comenzarás a comprender que como la mente del individuo se desarrolló por lentas etapas, desde la sensación a la conciencia simple, desde la conciencia simple a la autoconsciencia (en sus grados más bajos y más altos), hay una conciencia reservada para el individuo (y unos pocos la han alcanzado), más elevada de lo que imaginamos, la cual ahora comienza a manifestarse. Entonces comprenderás que puede haber una Fe inteligente que sabe, no simplemente cree. Estas y otras lecciones las aprenderá con el tiempo.

A medida que avanzas en las líneas del desarrollo espiritual encontrarás otras fuentes de conocimiento, aparentemente aparte del intelecto, aunque, en realidad, aliadas a él. Encontrarás que hay regiones del Alma, hasta ahora inexploradas, a las que estás invitado a entrar. Descubrirás que eres capaz de adquirir conocimientos sobre estos grandes asuntos que han desafiado tus esfuerzos intelectuales, y aunque la información no te llegará por la puerta del intelecto, no será censurable para el intelecto. No será contraria al intelecto, pero estará más allá del intelecto. En lugar de alcanzar al Ego a través de los portales del intelecto, parecerá provenir de una fuente superior - la Razón Superior - y luego pasará al intelecto, para que éste pueda asimilarlo y combinarlo con lo que ya está almacenado. Descubrirás que tienes un nuevo mundo de conocimiento abierto ante tu mirada mental, y te regocijarás al verlo.

Y cuando hayas alcanzado la etapa en la que sientas los impulsos de la Razón Superior y puedas vivir de acuerdo con ellos, dirás con Edward Carpenter:

"¡He ahí! el poder curativo que desciende desde adentro, calmando la mente enfebrecida, esparciendo paz entre los nervios afligidos. ¡He ahí! el eterno salvador, buscado por todo el mundo, morando escondido (para ser revelado) dentro de cada uno ... Oh alegría insuperable".

CAPÍTULO 11

EL ABSOLUTO

Dios ha engendrado y gobierna por Ley lo que llamamos Universo. Y ese Universo no es la cosa insignificante que muchos de nosotros hemos considerado. No es la Tierra como centro, con el Sol, la Luna y las Estrellas dando vueltas a su alrededor, todo diseñado para contribuir a la comodidad, la asistencia y el bienestar de los habitantes de ese pequeño punto - la Tierra. Es un Universo, cuya idea misma no puede ser captada por la mente humana. Es infinito. No tiene fronteras, no tiene límites. Todas las partes del Espacio están llenas con las manifestaciones del Absoluto. Existen innumerables soles, cada uno con sus sistemas planetarios. Todos los días están naciendo mundos, y cada día están desapareciendo mundos. Por supuesto, cuando digo que nacen y desaparecen, me refiero a que están cambiando de forma - reuniéndose o disolviéndose. No hay destrucción en la Naturaleza, solo cambio de forma.

El ser humano, en su egocentrismo, se ha imaginado a sí mismo como la forma más elevada posible de vida creada; ha pensado de este minúsculo grano de materia, la Tierra, como el único pedazo de materia que contiene Vida. Cuando se da cuenta de que hay millones y millones de mundos que contienen Vida en formas superiores o inferiores, cuando se da cuenta de que esta vieja Tierra no es más que un grano de arena en la orilla del mar del Universo, cuando se da cuenta de que en otras esferas existen seres mucho más elevados que el ser humano, como el humano es más elevado que la ameba; entonces comienza a darse cuenta de la relativa insignificancia del ser humano y la grandeza de Dios.

Y luego, cuando comience a darse cuenta de estas cosas, comenzará a adquirir esa conciencia espiritual que le hará evidente que está en un largo viaje, y que tiene por delante maravillosas posibilidades. Se dará cuenta de que a medida que avance por el Sendero adquirirá nuevos poderes, nueva inteligencia, nuevos atributos, que lo convertirán en un verdadero dios en comparación con su estado actual, aunque el estado más grande y más elevado que pueda imaginar para sí mismo, en comparación con Dios, será solo como una pequeña partícula de polvo jugando en el rayo de sol en comparación con el sol mismo.

Dios se manifiesta en cada átomo de materia, en cada átomo de Energía, en cada átomo de inteligencia. Sus manifestaciones, aunque aparentemente innumerables, son todas simplemente manifestaciones diferentes de la misma cosa. Realmente hay una sola manifestación de

Dios, asumiendo innumerables formas y apariencias.
Nosotros somos las expresiones del poder de Dios,
limitados, es cierto, sin embargo, en constante
crecimiento, impulsados hacia arriba por la atracción
desde lo alto, y desarrollándonos en una comprensión de
nuestra relación con todas las demás expresiones de Dios,
y con Dios mismo.

Dios existe, siempre ha existido y siempre existirá. Él
es la única cosa en el Universo que no tiene una causa
anterior. Él es su propia causa. Él es la causa de las
causas. Él es la causa sin causa. El intelecto humano, sin
ayuda, es incapaz de captar la idea de una cosa sin causa,
o de una causa sin causa precedente.

El intelecto humano se adhiere estrechamente a la
doctrina de la ley universal de causa y efecto, y encuentra
imposible descartarla o admitir que exista una sola
excepción a esa ley, ya que tal excepción violaría la ley.

El intelecto se ve obligado a asumir una de dos cosas
(1) que hay una primera causa, o (2) que la cadena de
causa y efecto es infinita. Y cualquiera de estas
conclusiones deja al intelecto en una mala posición,
porque si admite una primera causa, su cadena de causa y
efecto se rompe; por el contrario, si supone que la cadena
de causa y efecto es infinita, se encuentra con el hecho de
que una cosa que no tiene principio no puede tener causa,
que una cosa sin principio es una cosa sin causa, además
de lo cual, como el Infinito no puede ser captado por la
mente finita, en su esfuerzo por evitar admitir que no
puede explicar las cosas, ha dado una explicación que el
mismo no puede captar o comprender. ¡Pobre intelecto!

Es el instrumento de trabajo mental más valioso que posee el individuo, pero cuando comete el error de suponer que es el individuo mismo, en lugar de una de sus herramientas, se pone en una situación ridícula. No se da cuenta de las maravillosas posibilidades que tiene ante sí, cuando, mezclado con el pensamiento que emana de los planos superiores del Alma, producirá resultados ahora apenas soñados excepto por aquellos que han alcanzado los planos superiores de conciencia.

Debido a que el intelecto tiene sus limitaciones, no debemos perder la confianza en él, ni aceptar cosas que nos digan otros que sean contrarias al intelecto, simplemente porque alguien más las declare como verdad. Acepta la decisión del intelecto, a menos que recibas la verdad de la conciencia superior, en cuyo caso no será contrario al intelecto, sino que simplemente irá más allá del intelecto, enseñando aquello que el intelecto no puede captar por sí mismo, y luego llamando al intelecto para hacer su parte del trabajo en la realización de la tarea mutua. La fe ciega es algo muy diferente a la inspiración, no las confundas.

Me siento seguro al decir que el intelecto, sin ayuda, es incapaz de captar la idea de una Causa sin Causa, pero nuestra conciencia superior es consciente de la existencia de aquello que el intelecto no puede captar. Debido a que el intelecto no puede concebir una Causa sin una causa precedente, no significa que no exista tal cosa. El ciego no puede imaginar ni comprender el color, pero el color existe. Los peces en el fondo del mar no pueden comprender ni imaginar las cosas de la tierra, pero esas cosas existen. Una persona tampoco podría formarse un concepto mental del azúcar, si nunca la ha visto o ha probado algo dulce. Todo es cuestión de experiencia o conciencia, y sin estas cosas no se puede entender nada. El intelecto, reconociendo todas sus limitaciones, es capaz de decidir asuntos dentro de su propio dominio. Cuando llega el momento de saber cosas que están fuera del dominio del intelecto, encontramos que tenemos estados de conciencia más elevados de los que hasta ahora hemos considerado posibles, y somos capaces de hacer uso de ellos.

En el plano intelectual de la conciencia, todo aquello de lo que tenemos conocimiento tiene una causa precedente – cada objeto un hacedor. En consecuencia, el intelecto, sin ayuda, es incapaz de formar un concepto mental de una cosa sin causa - una cosa sin un hacedor. Esto se debe a que no ha tenido experiencia de tal cosa y no tiene conciencia de la existencia de tal cosa. Por lo tanto, el individuo nunca puede formarse un concepto intelectual de Dios. Él puede creer en Dios, porque se siente consciente de su existencia, pero no puede explicar o comprender el misterio a través del intelecto. Él admitirá que Dios creó al ser humano, pero no puede responder a la pregunta del niño: "Pero ¿quién creó a Dios?" Y así, es incapaz de formarse un concepto mental de una cosa sin una causa - sin un hacedor. Para estar seguro de la existencia de Dios, debe ir a una fuente superior de conciencia. Muchas personas creen en Dios porque se les ha dicho que existe; otras sienten una vaga percepción de su existencia; y unos pocos han alcanzado la conciencia de su existencia; ellos lo saben.

A medida que el individuo crece en conciencia espiritual, puede reconocer cada vez más claramente la realidad de Dios. De la creencia ciega a un destello de conciencia, luego a una concepción más clara, luego a una naciente realización, luego a un conocimiento de su ser; luego a una débil comprensión de su Ley, y así sucesivamente. Dios no se conoce a través del intelecto, sino a través de la Conciencia Superior. Y después de ser conocido de esta manera, el intelecto comienza a reconciliar los objetos en su plano con la nueva concepción. Hasta que la persona no sepa todo, tendrá necesidad del intelecto para usarlo como herramienta, en conexión y en armonía con su fuente superior de conocimiento. Para una persona que siente que Dios existe, no sirve de nada ningún argumento contrario; y para aquel que no lo siente, ningún argumento creará ese sentimiento. Es algo que debe obtener desde adentro, no desde afuera. Por supuesto, yo no estoy hablando de ninguna concepción especial de Dios. Aquellos que lo llaman "Naturaleza" tienen una concepción más elevada de Dios que quienes piensan en Dios como un ser con todas las limitaciones de un hombre. Los nombres no importan; es la concepción la que muestra el grado de conciencia de Dios que tiene una persona.

La humanidad ha tenido todo tipo de ideas sobre Dios, que van desde aquella del palo, la piedra o el árbol, hasta la imagen esculpida, el sol, el ser antropomórfico, hasta conceptos superiores. Pero todas las personas que alguna vez adoraron a un Dios, ya sea una piedra, un ídolo, el sol, Joss, Baal, Brahma, Buda, Isis, Júpiter o Jehová, adoraron en realidad los vislumbres de esa Causa Sin Causa que les llegaron distorsionados por las imperfecciones de la visión mental o espiritual del adorador. Los dioses del hombre primitivo nos parecen muy pequeños cuando los miramos atrás, y los dioses de sus sucesores parecen con una ligera mejora; de hecho, algunos de estos últimos poseían atributos menos deseables que el ideal más crudo. Se ha dicho que el Dios de un individuo es simplemente una imagen ampliada de sí mismo, que posee todos los atributos del observador. Ésta es otra manera de decir que el concepto que tiene una persona de Dios no es más que un reflejo de su propio estado de conciencia espiritual y desarrollo mental. Así como un objeto crece a medida que uno se acerca a él, Dios parece crecer a medida que nos acercamos a él. Sin embargo, en ambos casos el cambio no está en el objeto, sino en nosotros mismos. Si conoces la idea que tiene un individuo sobre Dios, sabrás qué es él mismo, o más bien qué estado de crecimiento ha alcanzado.

La idea más elevada de Dios que posee el individuo lleva consigo los atributos de omnipotencia, omnisciencia, omnipresencia. Muchas personas admiten esto y usan estos términos a la ligera, sin tener la menor idea de su significado real. Veamos qué significan estas palabras, y entonces quizás comprendamos mejor lo que queremos decir cuando decimos: "Dios".

Omnipotente significa poderoso; todopoderoso. Por supuesto, esto significa que Dios es poseedor de todo el poder; que todo el poder es suyo; no algún poder, sino todo poder; que no hay otro poder, en consecuencia, todo poder es el poder de Dios. Esto no deja lugar para ningún otro poder en el Universo consecuentemente, todas las manifestaciones de poder en el Universo deben ser formas del poder de Dios, ya sea que llamemos a los resultados de esa manifestación de poder "buenos" o "malos". Todo es el poder de Dios.

Omnisciente significa que todo lo sabe; toda sabiduría, todo lo ve. Significa que Dios posee todo conocimiento; que lo sabe todo; que no hay ningún lugar que no pueda ver; nada que no sepa; nada que no comprenda completamente. Si hubiera la más mínima cosa que Dios no supiera; si hubiera la más mínima cosa que no viera; si hubiera la más mínima cosa que no entendiera, entonces la palabra no tendría sentido. Dios conoce, ve y comprende todas las cosas, y debe hacerlo por toda la eternidad. Un ser así no puede cometer errores; no puede cambiar de opinión; no puede actuar o tratar injustamente. La Sabiduría Infinita es suya.

Omnipresente significa todo presente; presente en todas partes al mismo tiempo. Significa que Dios está presente en todo el espacio; todos los lugares; todas las cosas; todas las personas; en cada átomo. Si esto no es cierto, entonces la palabra no tiene sentido. Y si Dios está en todas partes, no hay lugar para nada más. Y si esto es cierto, entonces todo debe ser parte de Dios – una parte de un poderoso Todo.

Entonces ves que estas palabras que hemos estado usando tan a la ligera y descuidadamente, significan todo.

Cuando podemos ver y sentir el significado de estas tres palabras, comenzamos a comprender algo acerca de la grandeza de Dios. Por supuesto, nosotros solo podemos captar con nuestras mentes finitas las partes más aparentes de esta gran Verdad, pero estamos creciendo, estamos creciendo. Si aceptamos estas tres palabras — atributos de Dios — Omnipotencia, Omnisciencia, Omnipresencia, como significando exactamente lo que quieren decir, abriremos nuestras mentes a una maravillosa afluencia de conocimiento sobre la naturaleza de lo que llamamos Dios. Podemos ver armonía donde reinaba la desarmonía, unidad donde estaba presente la diversidad, paz donde se manifestaba el conflicto. Recibiremos un torrente de luz sobre el tema, iluminando lugares que antes estaban envueltos en tinieblas, haciendo claros y comprensibles muchos dichos oscuros.

Con esta comprensión de estas palabras, veremos que Dios es la suma de todo conocimiento, y que no podemos acusarle de ignorancia ni en el más mínimo punto, ni en el mayor problema. Él sabe todo lo que hay que saber, todo lo que se puede saber. También veremos que todo el poder es suyo; que no puede haber lugar para ningún poder fuera de su poder, porque él tiene todo el poder que hay o puede haber. No podemos concebir ningún poder opuesto al poder total. Todo el poder debe estar en manos de Dios, y toda manifestación de poder debe provenir de él. También veremos que Dios, estando en todas partes, debe estar presente en todas las cosas, personas, lugares - en nosotros. Veremos que Dios habita en el objeto más humilde - que todos somos partes del Todo - partes del Universo de Dios. Partes pequeñas, es cierto, pero partes aún, e incluso la parte más pequeña es amada para el corazón del todo. El Todo es la suma de sus partes, y todas las personas y cosas son partes del Todo. Y ninguna parte puede ser más grande que el Todo; y ninguna parte es igual al Todo; y el Todo es la suma de la grandeza de todas sus partes, Manifiesta y No-Manifiesta. Y nosotros, lo Manifiesto, no podemos comprender lo no-manifiesto, para lo que lo Manifiesto no es sino como la gota en el océano.

Todas las cosas están comprendidas en la idea de Dios: Espíritu, Mente, Materia, Inteligencia, Movimiento, Fuerza, Vida, Amor, Justicia. Esta idea de Dios - la Causa Sin Causa - ha sido sostenida por personas de todas las naciones, tribus, razas, países, tiempos, edades. Sabios, videntes, filósofos, profetas, sacerdotes, científicos de todos los tiempos y pueblos, aquí y allá, dispersos y pocos, vieron esta Verdad, reconocieron la existencia del Todo, cada uno expresando el pensamiento con una palabra diferente. El hombre religioso llamó a este concepto, Dios; el filósofo y científico lo llamó la Primera Causa, o lo Incognoscible, o el Absoluto; el materialista lo llamó Naturaleza; el escéptico lo llamó Vida. Y los seguidores de los diferentes credos lo han llamado Jehová, Buda, Brahma, Alá y muchos otros nombres. Pero todos ellos significan lo mismo: Dios.

Y este gran Todo, del cual somos parte, ¿cómo debemos considerarlo? De seguro, no con miedo, porque ¿por qué una parte debería temer al Todo? ¿Por qué el átomo más humilde del cuerpo del Universo debería temer al Alma que dirigía y gobernaba el cuerpo? ¿Por qué la circunferencia debería temer al Centro? Cuando reconozcamos lo que somos y la relación que tenemos con el todo, sentiremos ese "Amor que echa fuera todo temor", por él "en quien vivimos, nos movemos y tenemos nuestro Ser".

En este libro, al hablar de Dios, he escrito la palabra en mayúsculas para indicar que me refiero a la concepción más amplia, mayor y más grandiosa de lo Supremo, lo Absoluto, la Causa Sin Causa, a diferencia de la idea antropomórfica de Dios — un ser con todas las limitaciones, la inteligencia finita y las ideas, pasiones y motivos infantiles de un hombre. Cuando me refiero a la idea antropomórfica de Dios - a un dios que lleva un nombre personal - he escrito la palabra de la manera habitual. Como notarán, he usado las palabras "él", "su", etc., al referirme a Dios, no porque lo considere masculino o más como un hombre que como una mujer, sino simplemente porque es más conveniente seguir la forma habitual y evitar el uso de la palabra "eso", que normalmente aplicamos a cosas inanimadas o inferiores. Dios no tiene sexo. O quizás sería mejor decir que combina en sí los dos elementos Padre-Madre, que aparecen separadamente en sus manifestaciones. Esta idea de atribuir a su Dios solo el atributo del varón, probablemente se explica por el hecho de que el hombre primitivo consideraba a la mujer como un ser inferior y prefería pensar en su Dios como él mismo - un varón. La mente del individuo se ha rebelado instintivamente ante esta idea, y encontramos muchas razas que crean para sí mismos conceptos de una deidad femenina que reina en conexión con la deidad masculina. La Iglesia Católica instintivamente sintió esto, y el alto lugar otorgado a la Virgen María fue evidentemente la expresión instintiva de esta concepción de la verdad. Recuerdo haber escuchado la historia de una mujer católica que estaba en un gran problema y había buscado el altar de la Santísima Virgen en busca de consuelo. Un protestante, sin comprender, le preguntó por qué no rezaba directamente a Dios. Ella respondió: "Me siento mejor cuando le rezo a la Santísima Virgen. Ella es una mujer y puede entenderme mejor". Cuando recordamos cómo cuando estábamos en problemas en la niñez preferíamos llevar nuestros problemas a nuestra madre en lugar de a nuestro padre, podemos entender este sentimiento y podemos apreciar mejor el motivo que inspira al adorador católico.

De la naturaleza interior de Dios, el individuo no puede saber prácticamente nada en esta etapa de desarrollo. Recién está comenzando a ser consciente de su existencia, recién consciente de su realidad. Recién está comenzando a ser capaz de captar el significado de la Vida Única- solo puede ver a Dios por medio de sus manifestaciones. Para algunos, la idea de Dios aparece como la de un gran Poder impersonal, un gran Principio Infinito y Eterno. Para otros, Dios aparece como un Dios personal. Para la primera clase, la idea de atribuir personalidad a Dios parece casi un sacrilegio, una limitación de un principio ilimitado, una idea perteneciente a la infancia de la raza. Para la segunda clase, el pensamiento de Dios como Principio parece despojarlo de todo sentimiento, amor, compasión y comprensión; parece una concepción de él como una Fuerza o Principio ciego como la Electricidad, la Luz, el Calor, la Gravitación, etc. y sus almas se rebelan ante el pensamiento. Ellos reclaman que les están robando a su Padre Amoroso, cuya presencia han sentido, de cuya cercanía a menudo han sido conscientes.

También otra clase, los materialistas, ven lo Absoluto como materia infinita y eterna, de la cual brotan todas las cosas, de la cual todo lo demás no es más que un atributo o manifestación. Este punto de vista, aunque aparentemente satisface a algunos que se aferran a las enseñanzas materialistas, es más intolerable para aquellos que sienten que la Materia es la forma más cruda de las manifestaciones de Dios.

Por extraño que pueda parecerles a quienes no han comprendido la Verdad, todos estos puntos de vista son parcialmente correctos, sin embargo, ninguno de ellos es del todo correcto. Aquí se manifiesta la Paradoja Divina.

Aquellos que han vislumbrado la Verdad, saben que Dios mismo está más allá de la concepción más elevada de la mente del individuo hoy, pero también saben que él se manifiesta de tres formas diferentes:

(1) sustancia o materia;

(2) energía o fuerza;

(3) espíritu, inteligencia o mente.

Todos estos términos son insatisfactorios, pero los términos: Sustancia, Energía y Espíritu, son los mejores términos disponibles para intentar explicar algo inexplicable.

Dios en sus tres manifestaciones nos da Espíritu infinito y eterno; Energía infinita y eterna; Sustancia infinita y eterna. Para aquellos que prefieren pensar en Dios como un Dios personal, la manifestación del Espíritu Infinito y Eterno atrae con más fuerza y satisface los deseos de su alma. Para aquellos cuyos intelectos se niegan a satisfacerse con la concepción de Dios como una Persona y, sin embargo, no están dispuestos a pensar que no hay nada más que manifestaciones de Materia, la manifestación de la Energía Infinita y Eterna satisface la demanda intelectual. Para aquellos cuyos corazones ya no anhelan la creencia en un Padre Divino, y que no pueden ver nada más que la Materia como la causa de toda vida, la manifestación de la Sustancia Infinita y Eterna parece explicarlo todo.

Cuando nos damos cuenta de que no importa si somos materialistas, ocultistas o creyentes ortodoxos, en realidad, todos estamos mirando hacia la misma Causa sin Causa - Dios - como visto a través de alguna manifestación particular, dejaremos de encontrar fallas e insultarnos unos a otros. Veremos que todos somos hijos del mismo Padre, todos hermanos y hermanas que miran a ese Padre como la fuente de nuestro ser y como nuestra fortaleza y consuelo. Entonces, por primera vez obtendremos la idea real de la Paternidad de Dios y la Hermandad de las Personas.

El salvaje que se inclina ante unos palos y plumas; el pagano que se inclina ante la imagen esculpida; el

EL ABSOLUTO

adorador del sol que adora el glorioso centro del sistema solar; el hombre primitivo que adora al Dios que no puede ver, y al cual Dios es simplemente un reflejo de sí mismo; el hombre que ha desarrollado y adora un alto ideal de un Dios personal; los seguidores del Judaísmo, el Brahmanismo, el Budismo, el Mahometismo, el Confucianismo, el Taoísmo, las diferentes sectas de la Iglesia Cristiana, en todas sus muchas y variadas formas, todas adoran su concepción de Dios, todas sienten la atracción impelente hacia Dios, todas saben instintivamente que él existe, aunque sus mentes lo ven a través de lentes turbios o lentes más claros, según su desarrollo — todos están haciendo lo mejor que saben. Y el científico que se encuentra confrontado con lo que él llama la Causa Primera, la Naturaleza o lo Incognoscible, y el Materialista que ve la Materia como Todo, todos tienen sus rostros vueltos hacia Dios.

Dios es todo lo que uno puede concebir de un Dios personal, y más. Él es el Dios personal sin las limitaciones de la personalidad. Él comprende todo lo que hemos buscado en un Dios personal, y más. Él es el Dios que siempre hemos adorado, pero ahora que estamos más cerca de él, vemos que es mucho más grande, mucho más grandioso, mucho más Divino de lo que jamás lo habíamos concebido. Él es todo lo que podríamos desear y más. Él combina el amor del Padre, la Madre, el Hermano, la Hermana —sí, el amor de toda relación humana— sin embargo, estos atributos no son más que un átomo de su capacidad de amor. En la manifestación del Espíritu, Dios llena todas nuestras expectativas, deseos,

107

esperanzas y anhelos, y luego los trasciende lejos. Lo finito no puede empezar a captar el Amor del Infinito. Y Dios en su manifestación de Energía comprende toda la Energía y el Poder que el ser humano puede concebir, y más. Toda Energía y Poder es de Dios. Él es Omnipotente, Todopoderoso.

Y Dios, en su manifestación de Espíritu, es Omnisciente. Él posee todo el conocimiento. No puede haber conocimiento fuera de él. Él es la suma de todo Conocimiento y Sabiduría. No comete errores, no cambia de opinión, no se arrepiente, no aprende, él sabe y siempre ha sabido.

Y Dios, en su manifestación de Sustancia, es Omnipresente; su Sustancia está en todas partes y no hay otra Sustancia. El Materialista está en lo correcto cuando afirma que la Materia es Omnipresente —presente en todas partes— pero confunde la manifestación con lo que está detrás de ella, la manifestación por el manifestante.

El metafísico, el ocultista y el científico físico han llegado a la misma etapa. Desde sus diferentes puntos de vista, ven que el Espíritu, la Energía y la Sustancia (o como los científicos los llaman, Inteligencia, Fuerza y Materia) son Infinitos y Eternos. Muchos han estado de acuerdo en este punto y no han podido analizar más allá. Ellos declararon que existían estos tres Principios en el Universo, y que no podían razonar más atrás. Tienen razón, pero no ven que estas cosas no son Causas, sino que son la manifestación del Uno - la Causa Sin Causa - Dios.

Nosotros no podemos formarnos ni la menor idea de Dios, excepto a través de sus tres manifestaciones y sus combinaciones. Estamos llegando a la etapa del desarrollo mental en la que comenzamos a comprender un poco sobre estas manifestaciones y sus leyes. Estamos empezando a aprovechar nuestro poco conocimiento sobre ellos y estamos aprendiendo a volver nuestro conocimiento en la dirección adecuada para hacer uso de algunas de las maravillosas formas de energía que hemos descubierto. Hasta ahora, solo tenemos el conocimiento más elemental de estas manifestaciones de Dios, y podríamos continuar durante millones de edades y todavía estar en la etapa del jardín de infancia. Y hasta que podamos captar al menos débilmente el significado y la naturaleza de estas maravillosas manifestaciones de Dios, no podemos esperar siquiera imaginar lo que hay detrás de ellas- Dios mismo.

¿Y por qué intentar sondear lo insondable en este momento? ¿Por qué intentar dominar las matemáticas superiores de la vida, cuando recién estamos aprendiendo que dos y dos son cuatro? Qué locura. Aprendamos todo lo que podamos acerca de estas manifestaciones; crezcamos en el conocimiento más amplio de ellas que nos llega desde afuera y desde adentro, y regocijémonos. Miremos hacia adelante a los mundos que aún tenemos que conquistar, las eras del conocimiento dichoso que tenemos por delante, y alegrémonos. Regocijémonos y exclamemos que por fin hemos encontrado el Sendero, y recorrámoslo con confianza, valor y alegría.

No lloremos ahora que hemos descubierto que Dios es mucho más grande de lo que jamás soñamos. No sintamos que ha sido puesto mucho más lejos de nosotros, porque eso no es así para nada. Una vez que obtengamos nuestro nuevo rumbo, veremos que a medida que nuestra idea de Dios crece, nosotros mismos crecimos en proporción. Reconozcamos que con la conciencia de la existencia de Dios hemos adquirido la conciencia de estar más cerca de él - de ser parte del Todo - no de ser simplemente creados por Dios, sino de ser engendrados por él, como poseedores de un átomo de su espíritu, una porción de su Sustancia, una partícula de su poder, de ser de él, y no desde él, de ser una parte de él y no aparte de él. Y sepamos que a medida que crecemos, nos desarrollamos y nos desplegamos, adquiriremos una mayor parte de todos sus atributos, conocimiento, poder y dominio sobre el espacio. Recordemos que somos engendrados por él, y así como el hijo posee todas las cualidades del Padre, en una forma menos desarrollada, así también nosotros, los Hijos de Dios, poseemos una partícula de cada uno de sus atributos. Piensa en ello por un momento y luego recuerda que estamos creciendo.

CAPÍTULO 12

LA UNIDAD DE TODOS

"Solo hay Uno". Las manifestaciones de Dios aparentemente son innumerables, pero desde el punto de vista Cósmico, en el análisis último, Todo es Uno. La mente no puede captar completamente esta idea sin la ayuda de símbolos o figuras retóricas. El individuo del conocimiento Cósmico es consciente de esta Unidad de Todo, pero no puede expresarla claramente a los demás con palabras. La mente crea un símbolo en un intento de expresar lo inexpresable. Los místicos han intentado expresar esta idea de Unidad mediante un símbolo: un círculo con un punto central, con rayos emanando del punto central y alcanzando la circunferencia, tocándolo en todos los puntos.

El círculo representa la Unidad Universal, el punto central representa la Inteligencia Central, el Poder, la Presencia —Dios— rodeada por sus emanaciones. Este símbolo es inadecuado, porque el círculo ilustrado tiene dimensiones: hay algo fuera de él. El círculo de las emanaciones de Dios no tiene tales dimensiones – no tiene tales limitaciones - y no hay afuera. Todo está incluido y nada queda fuera. No hay afuera, todo está dentro. Y, en el símbolo, los rayos que emanan del Centro tienen espacios entre ellos, dejando una parte del espacio que no es cubierta por los rayos, mientras que en realidad los rayos centrales tocan y cubren cada parte del Universo emanado; no hay lugar, persona o cosa que no esté en contacto con el Centro, que no esté en comunicación con Dios. El Amor, la Presencia, el Poder y el Espíritu de Dios llegan a todos y siguen siendo parte de él, así como los rayos del sol se extienden en todas direcciones y siguen siendo partes del sol. Pero cualquier símbolo, figura retórica o forma de expresión, es inadecuada. Lo inexpresable no se puede expresar. Lo finito no puede expresar lo infinito.

Todo es Uno. La cosa más hermosa, el objeto más repugnante; el trago vivificante del manantial cristalino, el veneno más mortal; la hermosa montaña, el destructor volcán; la persona espiritual, el borracho tendido en la cuneta; el hombre que enseña y vive la Verdad más elevada, el asesino esperando su condena; el tipo más noble de humanidad, la mirada lasciva de la acera; la inofensiva paloma, la venenosa cobra; todos están incluidos en el círculo. Ninguno queda fuera, ninguno puede quedar fuera. Debemos incluir los más bajos como los más elevados. En otros planos de la vida hay criaturas radiantes mucho más elevadas que el ser humano, como lo conocemos, así como el ser humano es más elevado que la ameba. Y aun en otros planos, hay formas de vida más bajas que las que conocemos. Y también están incluidos. Todos están en el círculo – el arcángel y la forma elemental. Son uno con nosotros - el superior y el inferior. Y el superior sabe y no se aleja de la relación, ni la persona que ve la Verdad se aleja de la relación. Todo es uno. Y el Uno está en Todos. La separación no es más que una ilusión, un sueño de la conciencia no desarrollada. A medida que el individuo se despliega en el Conocimiento Cósmico, ve la locura de la idea de Separación, de exclusión, de condenación, de cualquier diferencia real entre las partes del Todo. Él ve grados y niveles, etapas de crecimiento, planos, pero en el análisis último, ninguna diferencia real. Ve que solo Dios es perfecto, que todo lo demás es relativo. A medida que se acerca al Centro, aquello que se acerca, se eleva en la escala. Y cuanto más lejos del Centro esté, más bajo parece en la escala relativa. Pero más alto o más bajo, es parte del Todo, una cosa engendrada por Dios. El único estándar de perfección es Dios.

Cada uno es parte de Todo. No solo una parte, sino una parte íntimamente relacionada y conectada con todas las demás partes. Y Todo está en continuo movimiento, avanzando constantemente, progresando, desarrollándose, desplegándose, acercándose al Centro. Toda Vida está en el Sendero. Y a medida que la parte avanza a lo largo del sendero, se vuelve cada vez más consciente de su conexión con Todo y con el Centro; reconoce cada vez más de la ausencia de separación y de la Unidad de las

113

cosas. Esta conciencia es la prueba de la etapa del viaje que ha alcanzado el viajero – la señal del Sendero. La conciencia de la individualidad no disminuye, al contrario, la individualidad se agranda, crece, adquiere más sustancia. El viajero ve su relación y su conexión con una parte cada vez más grande del Todo, hasta que, a lo largo del sendero, se vuelve consciente de su cercanía al Todo, y la sensación de separación desaparece para no volver jamás. El viajero a lo largo del sendero puede descansar durante largos períodos, incluso puede desviarse del camino y aparentemente estar perdido, pero nunca retrocede y, por más que se desvíe, siempre regresa.

Cuando uno comienza a ver las cosas como son, se hace consciente de que el entendimiento y la solidaridad se amplían rápidamente. Prejuicio tras prejuicio desaparece, hasta que la visión es clara. Entonces uno comienza a "entender". Ve en los demás aquello que está en él; ve en sí mismo aquello que está en los demás. Y pierde el sentimiento de superioridad y deja de condenar. Se compadece, pero no condena. Tiene una visión más amplia de los motivos de las personas, una visión más clara de sus debilidades, sus tentaciones.

Él los ve como compañeros de viaje en el sendero, algunos más adelante, algunos más atrás, algunos tropezando y ensuciándose con el polvo y el lodo de la ruta, pero todos viajeros del sendero, todos viajando hacia el mismo lugar. Él ve algo de Verdad en todas las ciencias, todas las religiones, todas las filosofías, pero sabe que ninguna de ellas tiene toda la Verdad. La Verdad es una cosa demasiado grande, demasiado grandiosa para ser retenida en un solo lugar, o por una sola persona. Todos tienen un poco de ella. Cuando uno se da cuenta de esto, ve la locura de las disputas, los celos, la condenación, los prejuicios y la dureza entre personas de creencias diferentes, adherentes de diferentes creencias. Él reconoce que todos están mirando hacia la Verdad desde diferentes puntos de vista, que todos están haciendo lo mejor que saben, todos están informando la Verdad tal como la ven. A medida que el sentimiento de separación desaparece, también desaparece el sentimiento de oposición y diferencia.

Para quien tiene este sentido de Unidad, el mundo se ensancha inconmensurablemente, de hecho, para él, el Universo es el mundo, y todo lo que contiene le parece afín a sí mismo. Todas las personas son sus hermanos, todos los lugares, su hogar, todos los placeres son suyos, todo dolor, su dolor (aunque, en realidad, no hay dolor en absoluto), toda la vida, su vida. Él se siente cerca de todo – persona, bestia, planta, mineral - todos son partes del Uno.

Y tal persona ve que todo lo que hemos estado llamando "pecado" surge del sentido de separación, una falta de reconocimiento de la Unidad de Todo. Cuando el individuo finalmente ve que Todo es Uno, y que la separación no es más que una ilusión, le resulta imposible "pecar". La relación de persona a persona se ajustará sobre la base de la Unidad de Todo, por lo tanto, la injusticia será imposible. El sentido de separación es responsable de las aflicciones de las personas – la

115

angustia, la miseria, el egoísmo, la falta de hermandad humana. En el día que viene, la ley del Hombre habrá dejado de ser útil y será olvidada. La ley Divina de la unidad se escribirá en los corazones de las personas y formará una guía infalible. El bienestar de uno será el bienestar de todos. La Paternidad de Dios y la Hermandad de las Personas serán verdades vivientes y principios de acción. Habrá un solo código de ética y moral, y eso estará grabado en el corazón de todos.

En toda esa parte del Universo que conocemos, percibimos que operan leyes invariables, las mismas en todas partes. Desde la forma de vida más humilde hasta la más elevada, todos están sujetos a la Ley. Y por lo que sabemos de la Unidad de Todo, sabemos que estas mismas leyes están en operación en todo el Universo, una y otra vez, siempre las mismas. Los soles, rodeados de sus sistemas, obedecen la misma ley que controla los movimientos del átomo de materia más diminuto.

Todo es Uno, sin embargo, la variedad de manifestaciones y expresiones es infinita. Cada uno es parte del Todo, no obstante, el Todo se expresa de manera diferente en cada uno. La experiencia separada de la parte contribuye a la experiencia combinada del Todo.

Las personas difieren en detalles, pero en general coinciden en los esenciales. Toma todas las diferentes formas de religión y analízalas, y ¿qué encuentras después de descartar el material inútil? Simplemente esto: una conciencia, que proviene del interior, de que detrás de todas las cosas y en todas las cosas hay una Presencia Universal que ama aquello que ha emanado de ella. Esta es la conciencia fundamental de la religión. ¿Qué más quieres? Todo lo demás ha sido construido alrededor de ello por la ignorancia del individuo, la vanidad y el deseo de gobernar a sus semejantes mediante una demostración de conocimiento superior. Alrededor de esta Chispa Divina, el oficio sacerdotal ha construido templos destinados a protegerla, pero que en realidad casi la han ocultado a la vista. Derriba las obstrucciones y mira sin miedo y sin obstáculos la Luz del Espíritu.

Y mientras el individuo contempla la Luz, se hace consciente de que todo el Universo está impregnado por esa Presencia Universal, que la Inteligencia Universal lo sabe todo, que el Poder Universal está en operación en todas partes, que Todo es Uno, Todo es una emanación de Dios.

Cuando se reconoce esta idea de la Unidad de la Vida, uno comienza a comprender las maravillosas relaciones entre las personas y las cosas, los misterios psíquicos de la Telepatía, la Transferencia del Pensamiento, la Clarividencia y otros fenómenos de ese tipo. Todo lo que está incluido en lo que llamamos el Nuevo Pensamiento es comprensible solo cuando se capta esta idea de Unidad. Muchos lugares oscuros se iluminan, se comprenden muchos dichos dificultosos, se asimilan y absorben muchos hechos difíciles cuando reconocemos esta idea de Unidad.

La simpatía humana, el amor, el cariño, la piedad, la compasión, la ternura, el amor fraternal, la solidaridad, no se entienden de otra manera. A medida que el individuo adquiere este entendimiento, aumenta su compasión. Al principio, el individuo solo se preocupaba por sí mismo; luego por él y por su familia; luego se incluyó su tribu; luego la confederación de tribus; luego su principado; luego su nación; luego naciones amigas; luego naciones con las que entró en contacto; y así sucesivamente, hasta que finalmente sentirá un sentimiento fraternal por toda la humanidad, y se acabarán las guerras entre diferentes pueblos. A medida que crece en la idea de la Unidad, inconscientemente al principio, crece en solidaridad. A medida que avanza en la escala, su solidaridad se amplía y sus prejuicios desaparecen.

Este es el punto hacia el que se dirige la raza. Algunas personas han dado un paso un poco más adelante y son considerados visionarios por la mayoría de la gente. Otros están rezagados y se han quedado atrás, la mayoría de la gente los considera bárbaros y desprovistos de bondad humana. Pero todos están avanzando. La campana del egoísmo está sonando, pero un día mejor está amaneciendo para el individuo a medida que avanza. El día de la Paz Universal y la Hermandad Humana puede parecer lejano, pero nos estamos acercando. En medio del ruido del materialismo, la codicia, el egoísmo y la avaricia, suena otra nota. No es ruidoso, pero es claro y fuerte, y su volumen aumenta constantemente. Las personas se detienen a escuchar y se preguntan qué significa todo esto. Pronto descubrirán que la nota clara vibra a través de ellos, y se unirán alrededor del estándar que anuncia esa nota. Y entonces la nota será tan penetrante y llenará el mundo de manera tal que las legiones de Mamón y el egoísmo dejarán caer sus brazos y serán atraídas irresistiblemente junto con el resto. Esto no es un sueño, es una profecía del futuro. El individuo no puede escapar de esto. Puede venir con dolor y sufrimiento, pero debe venir. La nota está sonando. Escúchala. Se está inflando y creciendo en fuerza. Pronto llenará el mundo. Y cuando una persona la escuche comprenderá, y esperará ansiosamente el día en que le sea posible bajar las armas con las que ha estado luchando contra su hermano, no solo en el campo de batalla, sino en la plaza del mercado. Él saludará con alegría el día venidero, cuando será liberado de la lucha que resulta de su constante intento de robar a su hermano, y al mismo tiempo, evitará que otro hermano le robe. Saludará el día en que reinará el amor, no el miedo. Estas cosas sucederán debido a la conciencia de la Unidad de Todo, que se desarrolla en las mentes de los individuos.

Es difícil cuando nos hacemos conscientes de la locura de todo este egoísmo y lucha de hermano con hermano, sin embargo, somos incapaces de escapar de ello. Nadie puede escapar hasta que todos escapen, pero cada uno que llega a sentir y entender, forma parte de un ejército en crecimiento, que tarde o temprano formará una mayoría. Algún día la raza se asombrará al descubrir cuántos de ellos están listos para la nueva dispensación, y luego se levantará un grito de alegría de liberación y la lucha mutua habrá terminado. Acelera el día.

En ese día, las enseñanzas y la filosofía de Cristo resultarán prácticas y practicables, y se vivirá el espíritu de las enseñanzas del Maestro. Las personas ya no temerán vivir estas enseñanzas que ahora profesan creer, pero que declaran "imprácticas" como principios de vida. Entonces, el Sermón del Monte podrá realizarse; entonces, la Regla de Oro estará en el corazón y la mente de cada persona. Con la conciencia de la Unidad de Todo viene la verdadera concepción de la misión de Cristo y la creencia en su cumplimiento final.

CAPÍTULO 13

LA INMORTALIDAD DEL
ALMA

El ser humano *es*. Él vive y siempre vivirá. No puede morir. Lo que llamamos muerte no es más muerte que el sueño en el que caemos por la noche y del que salimos por la mañana renovados, despejados y fortalecidos. Es una pérdida temporal de conciencia, nada más. La vida es continua, una progresión, desarrollo y despliegue continuos. No hay rupturas repentinas, ni cambios sorprendentes, ni transformaciones milagrosas. Todo es un constante crecimiento.

Para muchos que creen que vivirán más allá de la tumba, parece como si algo que ellos llaman "mi alma" surgirá de las ruinas de su cuerpo y vivirá para siempre. Para aquellos en quienes se ha despertado la conciencia espiritual, se presenta un concepto diferente. Ellos sienten la conciencia del Yo Soy fuerte dentro de ellos y saben que, sin importar lo que le pueda pasar al cuerpo, el Ser Real seguirá viviendo. Saben que aquello a lo que llaman "Yo" es el alma, y no se dejan engañar por el pensamiento de que el alma es algo que va a aparecer después de que el "Yo" caiga en la muerte. Detente y piensa por un momento. Hay mucha diferencia entre los dos conceptos. Toda la cuestión gira en torno a esta distinción. El Alma no es una cosa separada de ti mismo - eres tú – tú eres el Alma.

Señor de mil mundos soy yo,
Y reinando desde el principio de los tiempos;
Y la noche y el día en cíclico vaivén
pasarán mientras examino sus andanzas.
Sin embargo, el tiempo cesará,
antes de encontrar la liberación,
porque Yo Soy el Alma del Hombre" — Orr.

Eres tú quien vive para siempre, no algo intangible que se desarrolla en la hora de la muerte. Este tú está viviendo en la eternidad tanto ahora como siempre. Esto es la eternidad - ahora mismo. Muchos de nosotros, antes de llegar a comprender las cosas, sentimos que esta vida no tiene importancia, que es una cosa miserable y que la verdadera vida no comenzará hasta que salgamos del cuerpo y nos convirtamos en Espíritu. Pues bien, tú eres un Espíritu tanto ahora como siempre. Es cierto que tienes un cuerpo de carne y que en un tiempo futuro no estarás tan oprimido. Pero puede estar seguro de que tienes un cuerpo porque necesitas un cuerpo, porque en esta etapa de crecimiento un cuerpo es indispensable para tu desarrollo. Cuando sobrepases la necesidad de un cuerpo, te liberarás de él. Y luego, hay cuerpos y cuerpos. Aquellos, entre quienes en todas las épocas han mantenido viva la llama del conocimiento esotérico, han enseñado que en otros planos de existencia —en otros mundos— había seres que tenían cuerpos mucho más etéreos que los que usamos nosotros. Y también que en los planos inferiores de la vida se encontraban seres cuyos cuerpos eran mucho más materiales y toscos que los nuestros. Ellos han enseñado que después de haber vivido las experiencias de la vida en la Tierra y habernos preparado para la vida en un plano superior, pasaríamos al plano superior y encarnaríamos en cuerpos adecuados para nuestra avanzada etapa de desarrollo. Y también enseñaron que, antes de encarnar en la Tierra, habíamos habitado en otros lugares, usando cuerpos adecuados para nuestro desarrollo en ese momento, cuerpos que estaban mucho más abajo en la escala que los que tenemos ahora. El cuerpo es siempre el instrumento del alma, y al alma se le da el instrumento que mejor se adapta a su etapa de desarrollo.

Algunas escuelas enseñan la doctrina de la Metempsicosis o Reencarnación, como se la denomina más comúnmente. Ellos creen que después de la muerte volvemos a ocupar otro cuerpo terrenal, a cuyo cuerpo somos atraídos por la ley de atracción o Karma. Siempre he sentido que había mucho en esta idea, aunque también he sentido que algunos de sus defensores han reclamado demasiado por ella. Es indiscutible que en la teoría de la

Metempsicosis se encuentra la única explicación posible de las desigualdades y aparentes injusticias de la vida. Es la única teoría que cuadra con la Justicia. Pero suponer que la Vida es simplemente una ronda de repetidas encarnaciones terrenales en los cuerpos como los conocemos - aquí en la Tierra- es tomar una visión estrecha del tema.

Yo creo que el alma ha existido desde hace eras. Creo que siempre ha existido como parte del Todo y que, manifestada como una entidad separada o aparentemente separada, ha existido durante incalculables edades, abriéndose camino hacia arriba a través de diferentes formas de expresión, de lo inferior hacia lo más elevado, siempre progresando —siempre creciendo. Y creo que continuará progresando, creciendo, desplegándose y desarrollándose durante las edades, progresando de formas inferiores a superiores, y luego a cada vez más y más elevadas. El individuo que se ha desarrollado lo suficiente como para vislumbrar aquello que está oculto en su alma, es capaz de ver un poco más allá de sus semejantes – es capaz de atravesar la oscuridad por una corta distancia – pero no puede ver más allá de eso. Algunos han sido capaces de captar verdades aparentemente mucho más allá del entendimiento de la multitud, pero incluso esto no es nada comparado con la Verdad Total. El plan de Dios se le revela al individuo solo cuando el individuo es capaz de comprenderlo. A medida que la persona crece en entendimiento espiritual, se encontrarán nuevas porciones de la Verdad esperando por ella.

LA INMORTALIDAD DEL ALMA

No importa mucho si uno cree en la Metempsicosis o no. En todo caso, no vale la pena discutir sobre ello. Cuando la conciencia de la Vida Eterna llega a alguien, no le importa cuántos cuerpos haya usado a medida que avanzaba por el Sendero, o cuántos más podría tener ocasión de utilizar antes de pasar a un plano superior. No le importan mucho estas cosas, excepto por una cuestión de especulación. Él sabe que *es* y siempre será. Siente que cada momento es ahora y lo vive. Él sabe que no puede ser destruido ni aniquilado. Sabe que la cosa más pequeña en el Universo es gobernada por la Ley Universal, que Dios es consciente de su existencia y es plenamente consciente de todo lo que le acontece. Él sabe que no puede ser eliminado - no puede ser separado del todo - no puede ser puesto fuera del Universo, no puede ser olvidado o ignorado. Y sabiendo estas cosas, no se preocupa por lo que le espera. Sabe que sea lo que sea, debe ser bueno. Él sabe que el Universo es muy grande y que hay mucho espacio para él en algún lugar, y que el mejor lugar para él es aquel lugar particular donde se encontrará en cualquier momento. Él sabe que no puede escapar de su propio bien, que no puede alejarse de Dios. Y sabiendo estas cosas, está contento, él vive, día a día, disfrutando del juego de la vida en él y a su alrededor.

Si el crecimiento futuro vendrá a través de encarnaciones adicionales en esta tierra o en otros mundos, o si el Alma, una vez liberada de las ataduras de la carne terrenal, va a otros planos de existencia para crecer, no es fundamental – no es material. El Universo es grande, y es posible que se nos dé la oportunidad de

visitar todas sus partes en nuestro desarrollo, en cuyo caso
parecería que estamos en un plano de vida
comparativamente bajo en este momento, simplemente
estamos despertando a una conciencia de lo que significa
todo esto, y en el futuro seremos conscientes de nuestro
crecimiento, progreso y desarrollo. Un bebé crece y se
desarrolla sin saber nada al respecto. Luego, se hace
consciente de sí mismo y crece en entendimiento, y
recuerda, piensa y saca conclusiones. Y así, puede ser que
nosotros estemos en la etapa infantil del desarrollo
espiritual y apenas estemos comenzando a "notar".

Preocuparse por la vida futura es algo tan infructuoso
como preocuparse por la próxima semana, el próximo
mes o el próximo año. La persona que ha logrado
crecimiento considera uno tan ridículo como el otro.
Ninguno logra ningún bien. La verdadera filosofía es
vivir en el ahora. No te preocupes por la vida futura.
Mejor déjalo en las manos de Dios. Él toma todo en
consideración, predice todos los obstáculos, sabe todo
sobre ti y tus necesidades, y realmente es capaz de
conducir los asuntos del Universo sin ninguna sugerencia
particular de tu parte. Las ideas del individuo sobre el
más allá cambian a medida que crece. Algunas de las
antiguas ideas eran muy infantiles y, sin duda, algunas de
nuestras mejores ideas parecen igualmente infantiles a las
mentes de seres que han alcanzado las etapas superiores
de existencia. Qué bebés en el entendimiento debemos
parecerles a algunas de esas radiantes criaturas que han
pasado hace mucho tiempo por el Sendero que ahora
estamos recorriendo, y han alcanzado la etapa de la

madurez espiritual. Dónde están estos seres y cuál es su estado, no lo sé, pero me siento muy seguro de que existen, y que es parte del plan de Dios permitirles dar una mano amiga a quienes se encuentran en nuestra etapa de desarrollo.

Yo creo que la antigua doctrina de los ángeles y los arcángeles estaba basada en la verdad, y no fue más que la forma imperfecta del individuo de expresar un hecho del mundo espiritual que está más allá de su comprensión. Nosotros, en nuestra vanidad, somos propensos a imaginar que Dios agotó su poder creativo al suministrar a la tierra las formas que vemos a nuestro alrededor, y que no hay otras formas de vida en ningún otro lugar del Universo. Esta es una idea tan absurda como la que antes poseían los individuos, a saber, que esta pequeña tierra - este grano de arena - era el centro del Universo y que el sol, la luna y las estrellas se hicieron para el único beneficio de su habitante, el ser Humano. Las personas salieron de esa idea, pero todavía se aferran a la noción igualmente absurda de que la tierra es el centro de la vida espiritual y que el ser humano, tal como lo conocemos, es la criatura más elevada y la única que tiene alma. Los individuos verán más adelante que el Universo de Dios es grande, y que este mundo nuestro es muy pequeño en comparación con el todo, y que el ser humano, tal como lo conocemos, no es más que una manifestación del Alma en una etapa particular de desarrollo. Estos pueden parecer dichos duros para algunos, pero gradualmente crecerán en un entendimiento de ellos. El individuo —el Ser real— es un ser maravilloso, pero en su actual forma de expresión es una criatura primitiva, burda, tosca y sin desarrollar. No he intentado presentar una teoría de la vida futura. Tengo mis propios puntos de vista sobre el tema, y los he insinuado aquí, pero no tengo ningún deseo de imponerte ninguna teoría especial. Si tienes una teoría o concepción que te brinde consuelo y satisfacción, mantenla por todos los medios. Lo más probable es que todos estemos en lo cierto, pero que ninguno de nosotros tenga toda la razón en sus concepciones. No veo cómo el ser humano, en su actual etapa de desarrollo, pueda intentar concebir los detalles de la existencia futura. Él puede ver un poco más en la oscuridad, pero no puede captar más que una simple idea de la verdad. Yo creo que cuando uno ha despertado a la conciencia de la vida eterna, cuando se siente seguro de que vive - que él es - no le dará mucha importancia a las teorías sobre los detalles o arreglos de la vida futura. Se sentirá perfectamente seguro confiando en la Ley. Yo creo que Pablo, el místico, resumió el asunto cuando dijo:

> Todos somos hijos de Dios, y aun no se ha manifestado lo que hemos de ser.

CAPÍTULO 14

EL DESPLIEGUE

El desarrollo del individuo ha estado en la línea de un despliegue gradual de la conciencia. Llamo tu atención sobre el hecho de que hablo de despliegue, en lugar de adquisición, aunque el proceso de crecimiento y desarrollo incluye tanto el despliegue o crecimiento desde adentro, como la adquisición o crecimiento desde afuera. Hay algo adentro que ejerce un impulso constante en la dirección del despliegue, y hay un poder de atracción que atrae hacia uno y se apropia de lo que se necesita del exterior. Por supuesto, se recordará que utilizo las palabras adentro y afuera, en el sentido relativo, reconociendo plenamente el hecho de que desde el punto de vista Absoluto adentro y afuera son una y la misma cosa.

En cada uno de nosotros hay una poderosa fuerza que impulsa la expresión y el crecimiento en la dirección del Bien supremo, impulsándonos a desplegarnos y desarrollarnos, desechando envoltura tras envoltura en su desarrollo y desenvolvimiento progresivos, inducidos por el impulso impartido por la Causa Sin Causa – atraídos hacia arriba por la atracción del Absoluto. Como una planta, nos vemos impulsados a crecer lentamente, pero con seguridad, constantemente, desde la semilla hasta la flor, hasta que nuestras potencialidades se expresan plenamente. Crecemos como el lirio, libre y constantemente, desplegándose hoja tras hoja, hasta que la planta se erige en toda su belleza, coronada con su flor divina.

En el centro de nuestro ser hay Algo que dirige un poderoso impulso hacia el desenvolvimiento y el desarrollo, y nosotros seguiremos estos impulsos mientras permanezca dentro de nosotros un átomo de Vida. La semilla en el suelo se expresará en su pequeño brote, a menudo moviendo cargas mil veces más pesadas que ella misma, en sus esfuerzos por alcanzar los rayos del sol. El joven árbol puede estar doblado y confinado al suelo, pero sus ramas, siguiendo las leyes de su ser, instintivamente se dispararán hacia arriba, moviéndose a lo largo de las líneas de menor resistencia y creciendo hacia el sol, a pesar de todos los esfuerzos por restringirlo. Como la planta, como el joven árbol, este Algo dentro de nosotros no nos permitirá someternos a las ataduras que nos limitan, no nos permitirá ajustarnos a las falsas normas establecidas de tiempo en tiempo para nuestra observancia. Sometiéndose todo el tiempo que sea necesario, acumula fuerzas de reserva día a día, manteniendo una presión continua en la dirección de su deseo, hasta que algún día, con un esfuerzo supremo, se deshace de los obstáculos que lo frenaban, y obedeciendo las leyes de su ser, vuelve a crecer hacia el sol. La vida es crecimiento. Avanza, presionando de un lado y otro, a lo largo de las líneas de menor resistencia, atrayendo hacia sí lo que necesita hoy y descartándolo mañana, después de que haya cumplido su propósito, después de que se hayan extraído sus útiles cualidades. Asume muchas formas en su crecimiento, descartando envoltura tras envoltura cuando crece. Cualquier intento de obligarlo a retener una envoltura que ha quedado pequeña, hará que la naturaleza de la vida se rebele y, al final, con un gran esfuerzo, estallará, rompiendo la envoltura restrictiva en fragmentos.

La mente filosófica, considerando las grandes cuestiones que subyacen a la Vida, pronto se pone en contacto con lo que se ha llamado la Paradoja Divina. Se ve obligado a reconocer aspectos aparentemente conflictivos de la misma cosa; encuentra dos respuestas igualmente satisfactorias a la misma pregunta, cualquiera de las cuales sería adecuada si no fuera por la otra. Este estado de las cosas coloca al filósofo en la posición de poder responder a cualquier gran pregunta relativamente con un "Sí" o un "No". Sin embargo, una vez que el Centro es reconocido, el filósofo no solo ve que ninguna de las respuestas es estrictamente correcta (hablando desde la posición absoluta), sino que ambas respuestas combinadas dan el único enfoque para una respuesta correcta. Uno se ve obligado a responder: "Es y no es". La explicación es parcialmente comprendida cuando recordamos que ninguna verdad absoluta se puede transmitir en términos relativos. Esta Paradoja Divina enfrenta al principiante entrando en el Sendero. No dejes que te asuste, es terrible solo en apariencia, cuando la conoces bien ves que es una amiga y una ayudante. Esta paradoja divina nos enfrenta cuando llegamos a considerar la cuestión del crecimiento, despliegue y desarrollo del ser humano. Un grupo de pensadores sostendrá que el ser humano crece y se desarrolla solo por causas externas a él mismo, que es una criatura de la herencia, el entorno y las circunstancias. Otra escuela enseñará que su crecimiento es enteramente desde adentro y que las causas externas no tienen ningún efecto sobre él. Ambos te enfrentarán con espléndidos argumentos, ilustraciones y llamativos ejemplos, y por un momento estás casi convencido, hasta que se te presenta el otro lado del asunto. Entonces estás desgarrado por las contradicciones y, a menos que reconozcas la Paradoja Divina, finalmente te verás forzado a decir: "No sé".

Hay dos causas generales operando en el desarrollo del Ego - una interna y otra externa. Estas causas son contradictorias desde la posición relativa; desde lo absoluto, una. Ninguna de estas causas relativas determina o controla el desarrollo del ser humano. Hay un constante juego o reacción de estas dos fuerzas. El impulso interno se encuentra con numerosos obstáculos, impedimentos, barreras y obstrucciones que aparentemente desvían al Ego de su camino trazado por el Poder Interior. Sin embargo, la fuerza interior impulsa hacia adelante y vence, supera, trepa, socava o pasa alrededor del obstáculo externo. A primera vista, podría parecer la antigua proposición de "la fuerza irresistible entrando en contacto con el cuerpo inamovible", proposición que está más allá de la comprensión de la mente del individuo, pero la comparación no es exacta, porque mientras las dos fuerzas continuamente juegan una sobre la otra, el impulso interno, modificado por los obstáculos externos, al final es victorioso y la planta de la Vida se eleva hacia el sol. El poderoso río en su camino hacia el océano, se vio obligado a girar de un lado a otro, obligado a doblar aquí y hacer un túnel allí, pero al final llegó al océano y el agua del río por fin llegó a casa.

Quiero decir aquí que mi filosofía me enseña que, en el análisis final, la fuerza interna y el obstáculo opuesto serán vistos como diferentes manifestaciones de una cosa, y que en la aparente desarmonía se encuentra la más alta forma de armonía. Al hablar de cosas relativas, uno debe usar términos relativos para ser entendido. De hecho, si alguien quisiera hablar únicamente desde la posición absoluta, no encontraría palabras para expresarse y se vería obligado a permanecer mudo. Digo esto ahora, para que no me malinterpreten más tarde. Con el fin de transmitir mi mensaje, debo asumir que esta fuerza interna que impulsa hacia el desarrollo es el factor principal en el avance del individuo, y que las fuerzas externas que actúan sobre esa fuerza interna tienen el carácter de obstáculos. Sin embargo, confío en que antes de que terminemos, haré que veas que ambos son factores vitales en el desarrollo del ser humano.

Es muy necesario recordar una característica de este proceso de desarrollo, y es que el efecto o producto final o último es prácticamente la causa subyacente del propio desarrollo. La flor o el fruto pidiendo expresión, hace que la semilla brote, que la planta haga crecer un tallo, broten hojas y cumpla todas las leyes de su crecimiento. El potencial roble dentro de la bellota, ávido por expresión, provoca todo el crecimiento y desarrollo del árbol. En la forma de Vida más baja se encontraba el potencial Ser Humano, instando por la expresión y el desarrollo durante millones de años. El Ser Humano el efecto, era el Ser Humano la causa. El último en aparecer, en el punto del tiempo, fue el primero, en el punto de la causa. Y en el ser humano de hoy se anida el potencial Ser Humano Superior del futuro, y tal vez más allá de él, en un orden ascendente, seres tan superiores al ser humano como el ser humano a la forma de vida más baja conocida por la ciencia. En verdad, "los primeros serán los últimos, y los últimos serán los primeros", en más de un sentido.

Al observar una planta o flor en crecimiento, uno puede quedar impresionado por la facilidad y naturalidad del crecimiento, por la ausencia de esfuerzo o dolor, y podemos preguntarnos por qué este proceso no se lleva a cabo en las formas superiores de desarrollo. Nos preguntamos por qué el Individuo no puede desarrollar su Ego de la misma manera, sin todos los dolores de crecimiento, lucha y esfuerzo. Por desgracia, estamos ciegos. Si pudiéramos mirar la planta a través de un microscopio lo suficientemente grande y potente, veríamos allí un continuo derrumbamiento y construcción, esfuerzo, dolor, desgarrando, descartando, reemplazando. Cambiando – siempre cambiando. Pero la planta, fiel a los instintos de la naturaleza, no se opone innecesariamente a las leyes de su crecimiento, y el dolor se reduce al mínimo, e incluso puede proporcionar una cierta sensación de placer (porque el dolor y el placer no están tan separados), pero el ser humano parece oponerse a cada paso del crecimiento y se resiste, temiendo el cambio y prolongando e intensificando su dolor. Pobre ser humano - pero está aprendiendo.

Tendremos más que decir sobre este proceso de despliegue en otras partes de este libro, por el momento dejaremos el tema para retomar las diferentes formas del desarrollo del ser humano. Sin embargo, lleva esto en tu mente, que hay Algo Dentro, presionando para el desarrollo y el despliegue. Y ese Algo es lo que al final aparecerá como la flor divina en nuestra planta de la Vida. No es algo ajeno a nosotros - no es algo del exterior - sino que es el Yo Superior, que algún día será lo que queremos decir cuando decimos "Yo". En la actualidad, el "yo" es nuestra conciencia de la etapa más elevada de nuestro desarrollo actual. Tu "yo" de hoy es muy diferente de tu "yo" de hace diez años, y en diez años más tu "yo" será muy diferente de tu "yo" de hoy. Y cuando nos damos cuenta de que este proceso continuará a lo largo de las edades, nuestras facultades de razonamiento nos fallan por el momento; no podemos comprender esta asombrosa verdad, llena de posibilidades tan maravillosas.

CAPÍTULO 15

EL CRECIMIENTO DE LA CONCIENCIA

Es importante entender algo sobre el crecimiento y desarrollo de la conciencia en el Individuo - el despliegue de la conciencia del "Yo" en su interior.

En el orden inferior de los animales existe una cantidad muy pequeña de lo que llamamos conciencia. La conciencia de las formas inferiores de vida es poco más que una simple sensación - el plano subconsciente de la vida tiene mayor influencia, e incluso eso solo sobre las facultades más burdas, las facultades superiores permanecen dormidas y sin desarrollar. La vida en las formas inferiores es casi automática. En el mundo mineral parece no haber vida en absoluto, de modo que el principio de vida está casi completamente ahogado en la materia. Sin embargo, los ocultistas nos dicen que incluso en el mundo mineral existe el primer débil indicio de vida, y algunos de los científicos más avanzados están comenzando a reconocer que la materia no está del todo muerta - que no hay nada absolutamente muerto en la Naturaleza - esa inteligencia es simplemente una cuestión de grado, que el mineral tiene su ley de vida la cual sigue.

En la naturaleza existe una tendencia instintiva de los organismos vivos a realizar ciertas acciones, la tendencia de un cuerpo organizado a buscar aquello que satisface las necesidades de su organismo. Es una forma simple de esfuerzo mental, aparentemente, por completo a lo largo de líneas subconscientes. En la vida vegetal, esta tendencia es claramente discernible, y va desde las exhibiciones menores en los tipos inferiores hasta las mayores en los tipos superiores. Es esto de lo que a menudo se habla como "fuerza vital" en las plantas. Sin embargo, en algunas de las formas superiores de vida vegetal, aparece un tenue color de "acción vital" independiente, un leve indicio de conciencia, una débil exhibición de esfuerzo consciente.

En el reino animal inferior, vemos un grado de conciencia mucho más elevado, que varía en grado en las diversas familias y especies, desde las formas casi vegetales de las formas animales inferiores, hasta la inteligencia casi humana de las formas superiores. El grado de conciencia más elevado de los llamados "animales inferiores", casi se acerca al de la forma más baja de la raza humana, y ciertamente alcanza el del niño pequeño. Así como el niño, antes de nacer, muestra en su cuerpo las etapas de la evolución física de una persona; así también el niño, antes y después del nacimiento, -

hasta la madurez - manifiesta las etapas de la evolución mental de una persona.

A medida que el ser humano progresó en su desarrollo y despliegue, comenzó a manifestar los primeros indicios de lo que se conoce como Autoconciencia, la cual es más alta en la escala que la Conciencia Simple. Es muy difícil transmitir con palabras la idea de conciencia en sus diferentes formas, de hecho, muchos escritores de psicología afirman que, estrictamente hablando, es imposible definirla. Para describir una cosa es necesario compararla con otra, y como no hay nada más en la naturaleza como la conciencia, no tenemos nada con lo que podamos compararla. En mi opinión, la mejor idea de conciencia se transmite con las palabras: "ser consciente"; "saber".

La conciencia simple es ser consciente de las cosas externas, de las cosas que no son el yo interior. La autoconciencia es ser consciente del yo interno, el resultado de dirigir la mirada mental hacia adentro. La gran mayoría de las personas, apenas sabe qué es la autoconciencia. Ellos tienen la costumbre de tomarse a sí mismos como algo corriente, y nunca consideran necesario hacer un balance mental de sí mismos. Por otro lado, algunos se vuelven morbosamente autoconscientes y les resulta difícil apartar la mirada de sí mismos. Es el antiguo principio de lo externo y lo interno, que se manifiesta en tantas formas.

Con el advenimiento de la autoconciencia, llega al individuo una concepción del "Yo". Hasta ahora él nunca había formado el concepto mental "yo". Al principio, el concepto era confuso y difuso. Él comenzó a pensar en sí mismo en comparación con otros de su clase. Comenzó a fijarse en sí mismo, a hacer deducciones cuyos resultados aplicó a los demás. El concepto del "yo" comenzó a crecer. Dejemos al ser primitivo, en quien se despliega este reconocimiento del "Yo", y bajemos al individuo de hoy. Una pequeña reflexión nos mostrará que cada uno de nosotros tiene un "Yo" en una diferente etapa de desarrollo. Pensamos en nosotros mismos de diferentes maneras.

Muchos de nosotros pensamos en nosotros mismos solo en el plano físico. Pensamos en el "yo" como un ser físico, que tiene cabeza, cuerpo, extremidades y órganos que van desde el cerebro hasta el hígado. Para alguien en esta etapa de desarrollo, el Cuerpo es el yo real, y la Mente no es más que un apéndice del Cuerpo vagamente comprendido, algo necesario para el uso del cuerpo. Tal persona habla de "mi mente" o "mi alma", como cosas que le pertenecen (al Cuerpo) y que él usa, pero que no son él. Para él, "mi mente" o "mi alma" no son sino como "mi sombrero", "mi abrigo", "mis zapatos", algo que se adjunta o se usa, pero no "Yo". El "yo" está solo en el plano físico, la parte superior del ser humano es suya "no Yo", al igual que las cosas que usa o usa de otra manera.

El individuo en el plano físico vive la vida física. Come, bebe, duerme y realiza otros actos físicos que le resultan fáciles y agradables. Encuentra su único placer en lo físico, no sabe nada más. Sus emociones y pasiones se adelantan ligeramente a las del bruto y no logra comprender a otra persona que ha superado esta etapa.

Por supuesto que no podemos culpar a alguien así, ni condenarlo, porque solo puede ver lo que es él, y si estuviéramos en su etapa de desarrollo, haríamos lo mismo. Es una etapa de desarrollo necesaria, por la que cada uno ha pasado o está pasando. Es la etapa de la niñez. Tal persona es como un oso joven - todos sus problemas están ante él. Lo pasa relativamente bien; el único dolor que reconoce es el dolor del cuerpo, o lo que es su equivalente, una privación de aquello que complacería la naturaleza sensual. No reconoce que la suya no es la vida más elevada, y tiene una sensación de lástima o desprecio por quienes encuentran placer en otras cosas. Él disfruta de una suerte de felicidad animal, y parece más bien una lástima tener que despertar y afrontar el dolor de la siguiente etapa, pero la vida es inexorable, el niño debe crecer, a pesar del dolor - sí, por medio del dolor. Algunos de nosotros hemos pasado de la etapa física de la conciencia a la etapa mental. Para quien ha alcanzado este plano, el "Yo" se representa como Intelecto o Mente, teniendo el control del cuerpo y sus órganos, y tendiendo su morada en el cerebro o cerebros del ser humano. Hay muy poca diferencia si estas personas piensan en la Mente como lo hace el materialista: una sustancia evolucionada o secretada por el cerebro; o si lo consideran como una sustancia algo intangible manifestándose a través del cerebro. Cualquiera de los puntos de vista es una cuestión de opinión intelectual para ellos, y en cualquier caso sienten lo mismo - en cualquier caso, su imagen del "yo" es la misma - ellos tienen la sensación de que el centro de su conciencia está en el intelecto. Para una persona así, el intelecto parece ser el Yo real, de hecho, puede llegar al punto en que se inclinará ante su intelecto y lo adorará como a un Dios. Él se da cuenta de los maravillosos poderes de la mente, y comienza a cultivarlos y desarrollarlos (todo lo cual es una parte muy necesaria del crecimiento) y a menudo obtiene resultados casi asombrosos.

Algunas de estas personas seguirán el camino de la pura abstracción intelectual; otros desarrollarán el poder creativo de la mente y lo manifestarán en maravillosos inventos, grandes descubrimientos, etc.; otros desarrollarán la imaginación y se convertirán en poetas, escritores, artistas; otros combinarán las cualidades operativas e imaginativas y se convertirán en "capitanes de industria", etc. Cada uno seguirá la línea de menor resistencia y se desarrollará sobre líneas que resulten más atractivas, pero su "Yo" es siempre la Mente. Algunos seguirán ciertas líneas de desarrollo psíquico, que es simplemente una forma de manifestación a lo largo del plano mental. Muchos consideran que el poder psíquico es idéntico al poder espiritual, pero realmente está en el plano mental de la conciencia, aunque la forma superior de poder psíquico solo está disponible para aquellos que han alcanzado una determinada etapa de desarrollo espiritual. Las formas inferiores de poder psíquico pueden ser adquiridas por aquellos que desarrollan la mente a lo largo de ciertas líneas y pertenecen estrictamente al plano mental, aunque aparentemente muy alejadas del desarrollo mental común. Las formas superiores de poder psíquico pueden ser alcanzadas solo por aquellos que han alcanzado una cierta etapa de desarrollo espiritual. Para las personas del plano Mental, la Mente lo es todo. Ellos reconocen su dominio del cuerpo; son conscientes de los maravillosos poderes de la Mente sobre el cuerpo particular bajo su control; los cuerpos de otros; las mentes de otros. Para ellos, la Mente es el Yo más elevado - idéntico al Espíritu. Ellos son conscientes del maravilloso funcionamiento de la Mente, pero no son conscientes de nada superior. Para algunos de ellos la muerte parece acabar con todo, su idea es que todo muere con el cerebro. Otros sienten que de alguna manera su intelecto mantendrá su existencia, pero es simplemente una creencia o esperanza, basada en las palabras u opiniones de otros que han reclamado autoridad para hablar. Pero no tienen conciencia de la Vida Eterna, ninguna percepción del Ser Real que se conoce a sí mismo como Eterno.

Cuando una persona entra plenamente en el plano mental de la conciencia, comienzan sus problemas. Se vuelve insatisfecho. Siente nuevos anhelos, los cuales se esfuerza por satisfacer. Tolstoi dijo de este estado:

Tan pronto como la parte mental de una persona toma el control, se abren nuevos mundos y los deseos se multiplican por mil. Se vuelven tan numerosos como los radios de un círculo; y la mente, con esmero y ansiedad, se pone primero a cultivar y luego a gratificar estos deseos, pensando que así se obtiene la felicidad.

Pero, aunque la etapa mental trae su propia felicidad, trae sus propios dolores e infelicidad. El individuo se encuentra acorralado en todos los ámbitos por los límites del intelecto. Él grita: "¿Por qué?" Y no encuentra respuesta en el recinto de su intelecto. Él comienza a aceptar cosas solo porque alguien más las ha dicho, y exige una respuesta de sus facultades de razonamiento; él dirige su intelecto para que lo guíe, pero después de un tiempo descubre que el intelecto lo está conduciendo en un viaje agotador, dando vueltas y vueltas un camino muy trillado, y se encuentra lejos de lo que busca. Cuanto más avanza el individuo a lo largo de líneas puramente intelectuales, más infelicidad se abre a él. Cuanto más sufre, más conoce. Y, sin embargo, el intelecto es la mejor herramienta con la que trabaja el Espíritu, y cuando uno alcanza las etapas superiores de la conciencia, entra en el reino de la Conciencia Espiritual, se deleita empuñando el arma pulida del intelecto, no de la antigua forma, sino como un valioso instrumento en las manos del Espíritu.

El único escape posible que tiene el individuo del dolor del plano mental es a través del canal del desarrollo espiritual - el crecimiento de la conciencia a lo largo de las líneas espirituales - el giro de la luz de la conciencia al campo hasta ahora inexplorado de las facultades espirituales. Solo aquí hay paz. En el próximo capítulo hablaré del desarrollo espiritual.

CAPÍTULO 16

EL DESPERTAR DEL ALMA

El individuo ha progresado a lo largo de las líneas de despliegue, crecimiento y desarrollo, a su vez, viajando a través de las etapas del plano físico y luego hacia el más grande y amplio plano mental en todas sus variadas fases. Del plano físico, comparativamente libre de preocupaciones, ha pasado al plano mental con todas sus preocupaciones, dudas, luchas, agnosticismo, negación, anhelos, insatisfacción, infelicidad. Finalmente, ve un nuevo camino que serpentea colina arriba, y aunque no sabe adónde conduce, desesperadamente busca recorrerlo, esperando, casi contra toda esperanza, que lo lleve a la Tierra Prometida de la Paz.

Él lo recorre. Él se da cuenta de las huellas de los que han viajado antes, pero también ve que pocos han recorrido ese camino. Se siente dudoso porque en lugar de poder ver a dónde lo lleva, descubre que el camino es sinuoso y apenas ve unos pocos pasos por delante. Pero impulsado por un anhelo que apenas comprende, da unos pocos pasos con fe en su corazón y habiéndolos dado, tiene conciencia de que asciende las colinas y otros pasos se abren ante él. Recuerda las palabras del familiar himno antiguo:

... No pido ver el paisaje distante;
Un paso es suficiente para mí. Guíame.

Pronto se hace consciente de que ha entrado en una tierra nueva y desconocida, ha cruzado las fronteras de una nueva tierra. Se encuentra en una tierra extraña, no hay puntos de referencia familiares, no reconoce el paisaje. Él se da cuenta de la gran distancia entre él y los amigos que ha dejado al pie de la colina. Él les grita fuerte para que lo sigan, pero ellos apenas pueden escucharlo y parecen temer por su seguridad. Ellos agitan sus brazos y le hacen señas con las manos para que regrese. Temen seguirlo y se desesperan por su seguridad. Pero él parece poseer un nuevo valor y un extraño impulso dentro de él lo empuja incesantemente. A qué punto está viajando, no lo sabe, pero una intensa alegría se apodera de él y sigue y sigue y sigue.

Poco después, cuando ha recorrido un tramo particularmente difícil, llega a un recodo del camino y da un paso hacia adelante sobre un amplio terreno llano que le da una sensación de descanso, sabe que es un lugar de parada, un punto para detenerse y observar. Observa que tiene una vista maravillosa. A un lado puede ver a los que están en los planos de abajo, esforzándose de esta forma y de aquella, de una manera lamentable, buscando progresar. A lo lejos, por varios caminos, ve a hombres y mujeres luchando, y extraño decirlo, instintivamente siente y se da cuenta de que todos están buscando el camino en el que él ha entrado y que ha recorrido un poco. Al otro lado él ve una tierra nueva y hermosa, una tierra de sol y brillo. A lo lejos, ve grupos de personas que suben por los senderos más elevados del viaje y desde lejos le llega el sonido de sus voces – ellos están cantando de alegría. Él siente por primera vez lo que es el "Yo" real. Reconoce ambos, el cuerpo y la mente, como útiles instrumentos, herramientas, servidores, pero tiene un reconocimiento distintivo del "Yo" aparte de ellos y usándolos.

Él se hace consciente de que siempre ha existido, de que existe ahora, y de que está destinado a existir por siempre. No razona estas cosas, las sabe, tal como antes había sentido que existía en cualquier momento determinado. El "Yo Soy" ha adquirido un nuevo significado, aparentemente ha crecido, aunque sabe que en realidad no ha crecido, sino que por primera vez ha llegado a una etapa de conciencia capaz de reconocerse a sí mismo como es.

Él sabe que ha recorrido un largo camino que lo llevó a su posición actual, y que tiene un largo viaje por delante, pero de ahora en adelante viajará sabiendo y no a ciegas. Él mira hacia abajo y ve a otros cubiertos por el barro y el polvo del camino, viajando en el plano de abajo, pero sabiendo que él también ha recorrido los mismos caminos, no los condena por el barro y el polvo. Él ha compartido su viaje, con todo su malestar y suciedad. Él sabe que está en la frontera del Conocimiento Cósmico y que más allá se encuentran regiones de maravillosa belleza que a su vez serán recorridas. Él ve infinitas fases de existencia abriéndose a la visión.

Cuando el alma llega a esta etapa, despierta y se ve a sí misma como es, en toda su belleza, con todas sus maravillosas posibilidades. Siente un gran placer en la existencia - en el ahora. Se siente parte del todo, sabe que el Universo es su hogar. Sabe que es una pequeña gota de Espíritu del Gran Océano Espiritual, un rayo del Sol Supremo, una partícula del Ser Divino, encerrada en un cuerpo material, usando ese cuerpo y algo llamado mente, con lo cual manifestarse. No se preocupa por el pasado, no se preocupa por el futuro. Se da cuenta que es y siempre será, por lo tanto, vive en el ahora. Sabe que no puede ser dañada ni destruida, que existe de acuerdo con la Ley (y que la Ley es Buena). No busca explicación, sabiendo que cuando llegue el momento, progresará a través de la materia, descartando envoltura tras envoltura en su despliegue, alcanzando grados cada vez mayores de conocimiento. Reconoce la existencia de la Presencia Universal, se hace consciente de Dios y de su cercanía. Por primera vez reconoce la realidad de aquello de lo que había hablado antes con tanta ligereza, pero nunca con entendimiento - la Omnipresencia, la Omnipotencia y la Omnisciencia de Dios. Y viendo y sabiendo estas cosas, está contento. Y ve su Unidad con Todo. Sabe que el progreso para uno significa progreso para todos, que ninguna parte del Todo está separada del Todo, ni de ninguna parte del Todo. Ve estas cosas y se maravilla. Viendo estas cosas, desaparecen los sentimientos de la antigua vida – el odio, el miedo, la envidia, los celos, la malicia. No puede despreciar ni condenar. Ve ignorancia en lugar del mal. Ve separación y egoísmo, donde antes veía pecado. Se encuentra poseído de un solo sentimiento hacia la humanidad y el mundo entero: Amor. Sí, Amor por la criatura más baja que existe, por el hombre más vil, por la mujer más degradada, porque sabe que incluso estos no pueden quedar fuera del gran esquema de la Vida y que, eventualmente, incluso estos no pueden escapar a su bien. Y siente su relación y conexión con toda la Vida, sabe que están inseparablemente conectados, y sabe que lo que es bueno para uno es para el bien de todos, y que lo que lastima a uno, lastima a todos. Ve que el amor de Dios se extiende a todos, sin importar cuán atrás estén en el camino. Ve que el Amor de Dios - como el sol de Dios - se otorga a todos por igual, para el santo y el pecador. Ve que no hay criatura viviente tan humilde o tan hundida en el fango de la ignorancia, sino que Dios aun lo recuerda, y está listo y ansioso por darle una mano, y que tarde o temprano la mano amiga será tomada por el desdichado y será levantado. Por primera vez se da cuenta de lo que significa la parábola de "La oveja perdida", y suspira al pensar lo poco que había captado su significado en la antigua vida.

Ve la Vida y la Muerte como una sola. Ve la muerte como nacimiento. Pierde todo su miedo a la muerte, conociéndola tal como es. Ve detrás de la horrible máscara de la muerte, el bello rostro de la radiante criatura - la Vida.

Estas y otras experiencias llegan al alma cuando despierta. Y no deja de ver, porque continuamente le vienen nuevas visiones, y de vez en cuando sus ojos se vuelven más claros. La vida adquiere un nuevo significado cuando uno llega a las fronteras de la Conciencia Espiritual y da unos pasos más allá de las fronteras. Las palabras no pueden transmitir la idea, debe ser experimentada para comprenderla. Quizás tú estés al pie de la colina, al comienzo del estrecho camino. Solo puedes ver el primer paso: tómalo, tómalo. No importa los pasos que se encuentran más allá, los verás cuando estés listo para ello. Avanza con valentía por el Sendero y no mires hacia atrás. El camino es estrecho y sinuoso, pero ha sido recorrido por los Elegidos de todas las edades, y ahora muchos están listos para él. Puede que te resulte necesario dejar a un lado muchas cosas sin valor que ahora cargas, muchas de las cuales son realmente una carga para ti, pero a las que te has aferrado como si fueran las más preciosas - prejuicios, intolerancia, odios, aversiones, envidia, sentimientos de superioridad hacia tus hermanos, falta de caridad hacia los demás, condenación, intransigencia - envolturas desgastadas que han llegado al momento de ser descartadas, formas, ideas rancias y mohosas, reliquias del pasado, arrogancia, estas y otras cosas inútiles impedirán tu progreso y serán desechadas una por una a medida que avanzas por el camino. Las cosas que has estado cargando y de las que te has enorgullecido mucho, serán consideradas peores que inútiles y serán desechadas con alivio, aunque al principio con dolor. Muchos adornos con los que te has engalanado te serán arrancados por las piedras y las espinas del camino, o serán desechadas por ser demasiado pesadas para llevarlas sobre los hombros. Sí, y una vez que hayas alcanzado las etapas superiores del viaje, te alegrarás de deshacerte de toda la ropa con la que has tratado de cubrir el espíritu, y finalmente el Alma se levantará desnuda y hermosa y no se avergonzará.

¡Mira! la luz se cuela sobre las colinas, y los rayos del sol naciente han penetrado en tu habitación y están brillando en tu rostro. Te estás sacudiendo el peso del sueño profundo, sientes la somnolencia del estado medio despierto. Abre los ojos, hoy tienes grandes cosas ante ti, levántate de tu sillón, ve a la ventana y deja que los brillantes rayos del sol caigan sobre ti. Todo te parece hermoso; vale la pena vivir la vida; las horribles visiones de la noche han desaparecido; por fin estás completamente despierto y sonriendo. Escuchas la voz del alma cantando:

¡Alegría! ¡Alegría! ¡Alegría!
Es la hora del Despertar del Alma.

www.ingramcontent.com/pod-product-compliance
Lightning Source LLC
LaVergne TN
LVHW092324080426
835508LV00039B/522